JN024365

菊、枝豆、しょうゆ、ほうじ茶… 和の食材の可能性を広げる

和素材デザートの発想と組み立て

Le Japonisme, Idées et Montages des Desserts

田中真理

Mari TANAKA

誠文堂新光社

はじめに

「和食」がユネスコ無形文化遺産になってしばらく経ちます。
今や和素材がフランス料理に取り入れられることは珍しくなく、
昨今ではヴィーガン向けやアレルギー対策としても
和素材が用いられることが多くなっています。

そこで本書では、私が専門とするデザートの分野で、
和素材を使ったレシピを考案しました。
各食材をデザートに活用するにはどういったポイントを押さえればよいのか、
といった点についても言及しています。

勿論、ルーツを辿ればもとは日本の食材ではないものもありますが、
本書では普段、和食で使用されている食材も含めて使用しています。

フランス料理店に日本酒を取り入れているお店があるように、
「和」と「洋」の融合がさらに広まれば、という思いで本書を作りました。
製菓を勉強している方、興味を持っている方を始め、
多くの方々に役立てば幸いです。

田中真理

目次

目次

凡例・作る際の注意点

- ◆ オーブンや電子レンジの加熱時間は目安。機種によって差があるので、素材の状態をみながら加減する。
- ◆ 柑橘類を湯通ししてから使う場合、「正味○○g」は湯通しした後に計量した重さを指す。
  ゆでることによって水分を含んで重くなるため、必ずゆでた後に量る。
- ◆ 分量に「バニラビーンズのさやと種」とあるものは、使用する際、分量のさやからこそげ取った種と、種を取り終えたさやの両方を使う。
- ◆ バターは、特に指定のない場合、食塩不使用のものを使う。
- ◆ 柑橘類の「カルチエ」とは、内皮から切り取った柑橘類の果肉のことを指す。
- ◆ シロップの「ボーメ30°」は、グラニュー糖1350gに対し水1ℓを合わせて煮溶かし、冷ましたシロップのことを指す。

♯1

穀類・種子

Céréales, Graines

黒豆のデクリネゾン
Déclinaison de *Kuromame*

正月料理でおなじみの黒豆をメインに、黒豆茶や煎り黒豆も使って、
黒豆を多方向から楽しめるデザートに。
ぬちっとした黒豆と、ジュレ仕立ての黒豆茶、チョコをからませた
カリカリの炒り黒豆…と、いろんな食感が楽しい。

使用する和素材について

黒豆
Kuromame
Soja noir (Haricot noir)

DATA

分類	マメ科ダイズ属
おもな産地	【丹波黒】兵庫県、京都府、岡山県、滋賀県 【中生光黒】北海道
収穫時期	9〜11月
選び方	虫食いや傷がないもの。粒の大きさが揃っていて、シワがなく、ハリ、ツヤのあるもの
保存方法	密閉容器に入れて冷暗所で保存

黒豆

「黒大豆」「ぶどう豆」ともいわれる大豆の仲間で、黒い色素にはアントシアニンを含む。日本では大豆は強い霊力を宿すとされ祭礼行事に欠かせず、黒豆は甘く煮ておせち料理に使われる。

◉使用例

黒豆煮〈P10〉を作り、漉してペースト状にし、ムースにしても。

黒豆煮

煎り黒豆

黒豆（黒大豆）をそのままポリポリ食べられるように、炒るまたは焙煎したもの。節分に食べる大豆の黒豆版。

◉使用例

グラノーラやプラリネフィヤンティーヌなどに。ミルで攪拌して粗めのきなこにしても。

煎り黒豆のプラリネフィヤンティーヌ

黒豆茶

煎じて茶を作れるように、黒豆を香ばしく焙煎したもの。

◉使用例

黒豆のエキスを液体に抽出して使う。ジュレ、プリン、アイスなど。

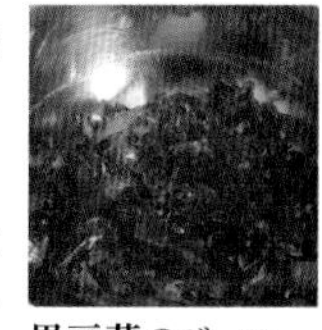
黒豆茶のジュレ

◉ デザートに使う時のポイント

刺激的な味つけは避ける

香ばしい黒豆の風味を生かす。黒豆が負けてしまうような濃い味つけや、刺激のあるスパイス、香辛料などは避ける。

食材のバリエーションを楽しむ

黒豆茶、煎り黒豆、黒豆きなこ…と黒豆の加工品はいろいろ。それぞれ異なる使い方や食感などを考慮し、デザートを考えるとよい。

黒豆きなこ

黒豆を粉砕して作ったきなこで豆の風味が強い。160℃のオーブンで10分ほど焼くとより香ばしくなる。市販品もあるが、煎り黒大豆をミルで挽けば自作もできる。

◉使用例

アイスや、パウンドケーキなどの生地ものに混ぜて使う。水分を吸う性質があるので、合わせる水分量は多めに調整する。

composant 1

黒豆煮

Kuromame cuit

材料　作りやすい分量

黒豆 250g

水 1.5ℓ

A
- グラニュー糖 80g
- 黒糖 80g
- 重曹 5g
- 塩 2g
- 醤油 18g

はちみつ ......40〜80g

作り方

1 厚手の大きい鍋で水を沸騰させ、**A**を入れて糖類を溶かす。火を止め、水洗いをした黒豆を入れて5時間ほど常温に置く。

2 **1**を中火にかけ、煮立ったら火を弱めてアクを除く。

3 ベーキングペーパーで落としぶたをし、ごく弱火にして3時間ほど煮る（黒豆が煮汁から出ないように、煮詰まってきたら湯を足す）。この時、ボコボコ煮立たせると皮が破けてしまうので注意。

4 黒豆が皮までやわらかく煮えたら（黒豆は冷めると若干かたくなるので、それを見越してやわらかく煮上げる）、はちみつを加えてひと煮立ちさせる。火を止め、落としぶたをしたまま常温で冷ます。

composant 2

黒豆茶のジュレ

Gelée au thé de *Kuromame*

材料　8人分

水 500mℓ

黒豆茶〈P9参照〉......7g

グラニュー糖 できたお茶の6%

顆粒ゼラチン* できたお茶の2%

＊ 水でふやかす手間がなく、温かい液体に直接振り入れて使える顆粒状のゼラチン

作り方

1 鍋に水を沸騰させ、黒豆茶を入れてひと煮立ちさせる。火を止めてふたをし、そのまま10分ほど蒸らす。

2 漉して黒豆茶を除く。お茶のグラム数を量り、その6%のグラニュー糖と、2%の顆粒ゼラチンの分量をそれぞれ計量し、お茶に加えて溶かす。

3

ボウルの底を氷水で冷やして冷まし、冷蔵庫で冷やし固める。適当な大きさにカットする。

composant 3

煎り黒豆のプラリネフィヤンティーヌ

Praliné feuillantine au *Kuromame* grillé

材料 作りやすい分量

煎り黒豆〈P9参照〉……55g

A プラリネ……25g
ミルクチョコレート……35g

フィヤンティーヌ……40g

作り方

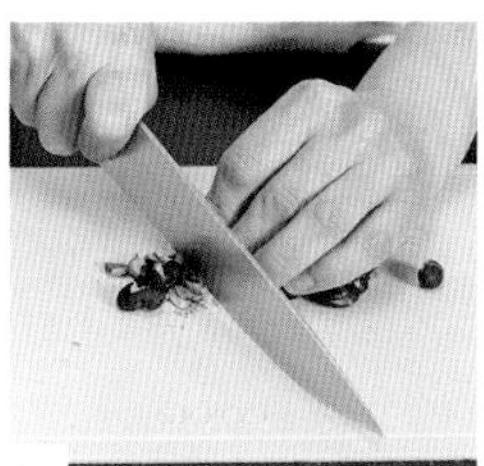

1

煎り大豆は1/3〜1/2量をナイフで粗く砕く。

2

ボウルに**A**を入れ、湯せんで溶かす。**1**と合わせ、残りの煎り大豆、フィヤンティーヌを加え、よく混ぜ合わせる。

3

OPPフィルムを敷いたトレーに流し、ざっと広げる。冷蔵庫で冷やす。

composant 4

ミルクチョコレートのソルベ

Sorbet chocolat au lait

材料 6人分

ミルクチョコレート……95g

牛乳……250g

生クリーム(乳脂肪分35%)……70g

A グラニュー糖……20g
安定剤……4g

ブランデー……8g

サワークリーム……20g

作り方

1 ミルクチョコレートは刻んでボウルに入れておく。

2 鍋に、牛乳、生クリームを入れて温める。混ぜ合わせた**A**を加え、混ぜながら沸騰させる。

3 温かいうちに**1**に入れ、ブランデー、サワークリームを加えて混ぜる。ハンドブレンダーにかけ、ムラなく混ぜる。

4 ボウルの底を氷水に当てて冷やす。アイスクリームマシンにかける。

〚 組み立て・盛り付け 〛

材料 仕上げ用

銀箔 ……適量

1

黒豆はキッチンペーパーの上にのせて、煮汁をきっておく。

2

煎り黒豆のプラリネフィヤンティーヌを大きく割り、盛り付け用の器に20〜30g入れる。黒豆茶のジュレ30gを添える。

3

ミルクチョコレートのソルベをクネル型にとり、バランスを見て配置する。ジュレの上に黒豆煮を25gほどかけ、銀箔を飾る。

小豆と白桃のテリーヌ
Terrine d'*Azuki* et pêches blanches

じつは昔から煮た小豆のざらっとした食感が苦手で、
それを気にせずおいしく食べるにはどうしたら？というのが出発点。
淡雪かんやチーズケーキにあんこを組み込み、ジューシーな桃のポシェを合わせて、
テリーヌ仕立てにすると洗練された食感になり、満足できる一品になった。

小豆

3世紀ごろ日本に伝来。赤い色は魔を祓う力があるとされ、古くからハレの行事や儀式に使われてきた。赤飯や和菓子に欠かせない存在で、大粒のものは「大納言小豆」と呼ばれおもに粒あんに使われる。

さらしあん

粉末状のあん。熱湯でもどし、2〜3回上澄みを捨て、砂糖を加えて練るとこしあんが作れる。

使用する和素材について

小豆

Azuki

Haricot azuki (Haricot rouge)

DATA

分類	マメ科ササゲ属アズキ亜属
おもな産地	北海道、兵庫県、京都府
収穫時期	8〜10月。新豆は11月初旬から店頭に並ぶ
選び方	なるべく新鮮なもの。明るい赤色が新鮮さの証。ふっくらとした丸みがあり、粒が揃っているもの

◉ デザートに使う時のポイント

味の濃いフルーツと好相性

あんこはチョコレートや、フルーツならいちごやオレンジなど味のはっきりしたものが好相性。味の薄いフルーツはあまり合わない。

食感・色から構成を考える

煮た小豆のざらっとした食感は、相反するみずみずしい桃やいちご、マスカット、柑橘類といったフルーツと合わせるとバランスがとりやすい。また、小豆独特の赤い「色」に注目して仕上がりイメージを考えるのも一つの方法だ。

◉ 小豆を煮る時のポイント

浸水させずに煮始める

小豆はあらかじめ水に浸す必要はなく、そのまま煮始めてOK 。浸水させると外側の皮にだけ水分が含まれ、皮が破れやすくなる。豆に甘みをつける時は、やわらかく煮えてから、砂糖や塩を加える。

「渋切り」は好みに応じて

渋切りとは、小豆を甘く煮る前に、何度かゆでこぼして皮に含まれる渋(渋みやアク)を取り除く作業。ただし、渋切りをしすぎると小豆のおいしさも抜けてしまうので注意。新豆は渋が少ないので不要な場合も。

「糖」で風味を変化させる

小豆は基本的に甘く煮て使用するが、加える糖の種類によって仕上がりの味に変化をつけられる。グラニュー糖や上白糖のほか、風味のあるカソナードやはちみつなどを使っても。

◉ 使用例

チーズケーキやパウンドケーキ、淡雪かん、ムースやアイスなどに混ぜて使える。3種は好みで使い分ける。

ゆで小豆

粒あん　　こしあん

composant 1

ゆで小豆
Azuki cuit

材料　作りやすい分量

小豆 125g

水 ......適量

A | グラニュー糖 75g
　| カソナード 25g

はちみつ 25g

作り方

1

小豆は洗って水気をきる。鍋に小豆とたっぷりの水を入れて火にかけ、煮立ったら湯をきる。これをもう一度繰り返す。

2

鍋に、水気をきった小豆、かぶるくらいの水を入れて火にかける。煮立ったら弱火にして丸く切ったベーキングペーパーで落としぶたをし、時々アクを除きながら1時間ほど煮る（小豆が煮汁から出ないように、時々差し水をする）。⇨こしあんを作る場合はここから右記の arranger 1 へ

3

A は混ぜ合わせておき、小豆が皮までやわらかくなったらまず 1/3 量を加え、弱火のまま沸騰直前まで煮る。これを2回繰り返し、少しずつ甘みをつける*。最後にはちみつを加えて混ぜる。⇨粒あんを作る場合はここから右記の arranger 2 へ

* 一気に甘みを加えると小豆が固くなるので、少しずつ加える

arranger 1

こしあんの作り方
Koshian
Pâte d'*Azuki* tamisée

1

大きいボウルに万能漉し器を重ね、皮までやわらかくゆでた、まだ甘みをつけていないゆで小豆（左記工程**2**まで済んだもの）を入れる。ボウルに漉し器の底が少し浸かるくらいの水を入れ、水をかけてゴムべらでつぶしながらゆで小豆を漉し、皮を除く。

2

ボウルにたまった小豆汁に、たっぷりの水を加えて混ぜる。そのまま5分ほどおいて下に小豆が沈殿するまで待ち、うわずみを捨てる。これを、うわずみの水が澄むまで2〜3回繰り返す。

3

漉し器に清潔なふきんまたは厚手のキッチンペーパーを重ね、**2**を漉す。ふきんの中に残ったあんを包み、強く絞って水気をきる。

4

鍋に**3**のあん、水50g、グラニュー糖125〜150gを入れて火にかけ、好みのかたさになるまでゴムべらで練る。

arranger 2

粒あんの作り方
Tsubuan
Bouillie d'*Azuki* sucrée

1

完成したゆで小豆を鍋に入れ、なるべく粒をつぶさないようにゴムべらで混ぜながら、弱火で煮る。

2

ゴムべらで鍋の底に一文字が書けるくらいまで煮詰めたら完成。バットに取り出して冷ます。

composant 2

小豆と白桃のテリーヌ
Terrine d'*Azuki* et pêches blanches

1. 小豆のチーズケーキ
Cheesecake à l'*Azuki*

材料 10〜12人分(縦8×横25×高さ6cmのテリーヌ型1台)

クリームチーズ 100g
こしあん〈P15参照・市販品でもよい〉......70g
グラニュー糖 30g
卵黄 5g
全卵 40g
A | 薄力粉 4g
　| コーンスターチ 4g
サワークリーム 20g
【型塗り用】バター ......適量

作り方

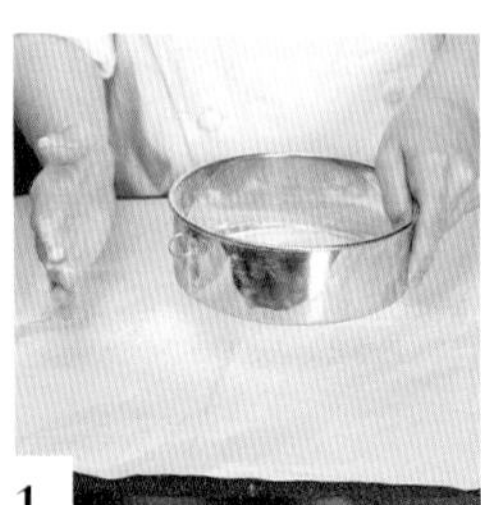
1

テリーヌ型の底にバターを塗り、ベーキングペーパーを底に敷いておく。**A**は合わせてふるっておく。

2

耐熱ボウルにクリームチーズを入れ、軽く電子レンジにかけて常温にもどす。こしあんからサワークリームまで材料を上から順に加えていき、そのつどよく混ぜ合わせる。

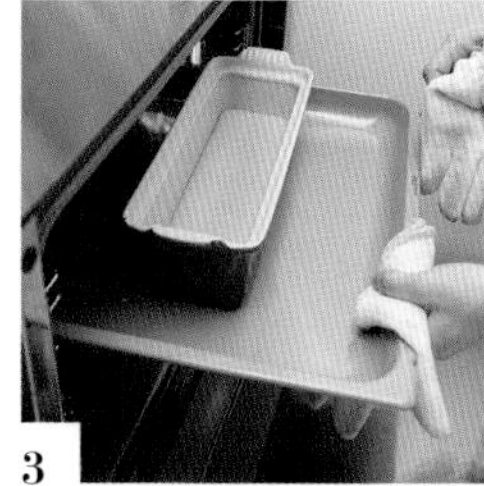
3

テリーヌ型に流し入れて表面を平らにならし、天板にのせて160〜180℃に予熱したオーブンで13〜14分焼く(焼き色をつけたくない場合は120〜140℃で20分ほど焼く)。

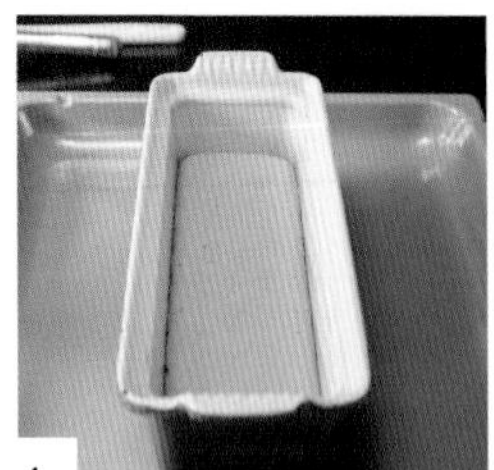
4

表面がきれいに焼けたら*取り出し、型に入れたまま冷ます。

* 表面がへこんでいるようなら生焼け、表面が割れていたら焼き過ぎ

2. 小豆の淡雪かん
Gelée d'*Azuki*

材料 10〜12人分(15cm四方のキャドル1台)

棒寒天 6g
A | 水 100g
　| グラニュー糖 25g
　| 塩 1g
卵白 80g
ゆで小豆〈P15参照〉......100g

作り方

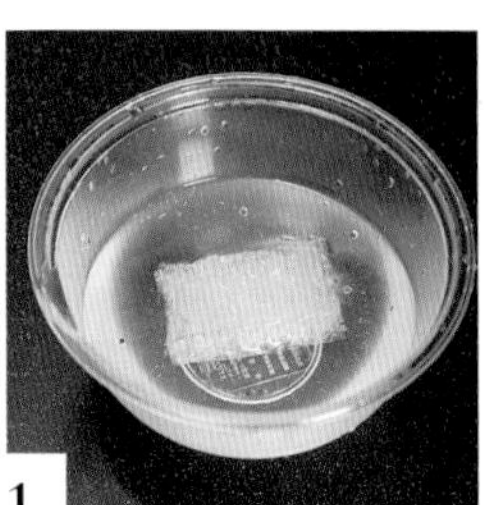
1

棒寒天は冷水に10分ほど浸しておく。キャドルはバットの上に置き、底と側面にアルコールを吹き付け、OPPフィルムまたはラップを敷いておく。

2

棒寒天が角までやわらかくなったら水気を絞り、小さくちぎって鍋に入れる。**A**を加えて火にかけ、混ぜながら沸騰させる。

3

ボウルに卵白を入れ、ハンドミキサーで固めに泡立てる。ミキサーにかけたまま**2**を少しずつ加え、さらに泡立てながら人肌まで冷ます。

4

ゆで小豆は軽く電子レンジにかけて人肌に温め、**3**を少量入れてなじませる。それを残りの**3**に戻し、ゴムべらでさっと混ぜる。

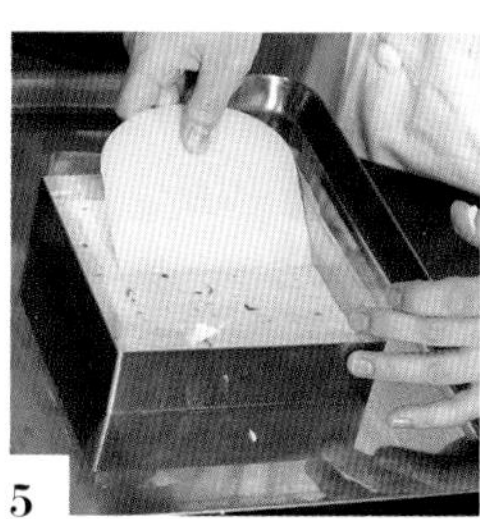

5

4をキャドルに流し、表面をカードで平らにならす。冷蔵庫で1時間以上冷やす。

3. 白桃のポシェ
Pêches blanches pochées

材料 10〜12人分（縦8×横25×高さ6cmのテリーヌ型1台）

白桃 2個

A
- 水 250g
- グラニュー糖 80g
- フランボワーズピューレ 30g
- レモン汁 10g
- アスコルビン酸 6g

作り方

1 鍋に湯を沸かし、白桃を10秒ほど入れて氷水にとり、皮をむく。8〜10等分のくし形に切る。

2 鍋に**A**を混ぜて沸騰させ、白桃を入れて弱火にする。シロップが80℃ほどになるまで温める。

3 ボウルに移し、そのままおいて常温まで冷ます。さらに、空気が入らないように表面にラップを貼り付け、冷蔵庫で1日寝かせる。

4. 白桃のジュレ
Gelée de pêches blanches

材料 10〜12人分（縦8×横25×高さ6cmのテリーヌ型1台）

板ゼラチン 8g

白桃のポシェで使ったシロップ〈上記参照〉......240g

作り方

1 板ゼラチンは氷水でもどす。白桃のポシェから白桃を取り出し、残ったシロップを45℃くらいまで温め、水気を絞ったゼラチンを加えて混ぜ溶かす。

2 ボウルに移して底を氷水に当てながら、とろみがつくまで混ぜる。

5. 仕上げ Finition

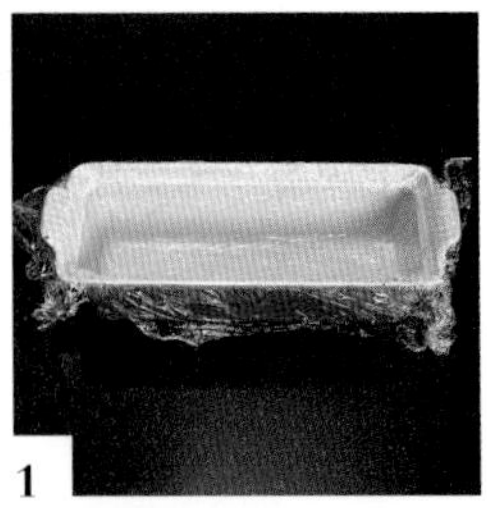
1

テリーヌ型（縦8×横25×高さ6cm）の内側にアルコールを吹き付け、あとでテリーヌを包めるように大きめのラップを3重にして貼り付けておく。白桃のジュレの中に、白桃のポシェを戻してなじませる。

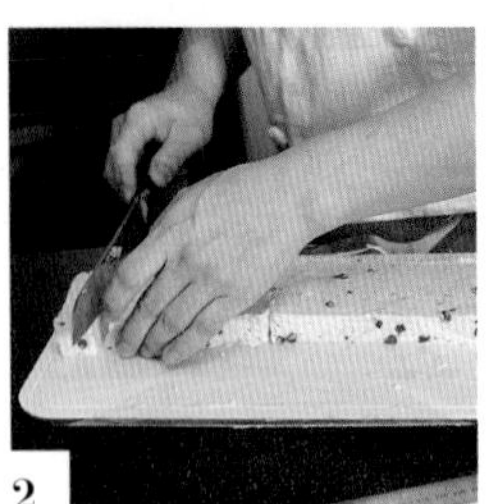
2

淡雪かんはキャドルとOPPフィルムを外し、半分に切って横長に並べ、長さをテリーヌ型（内径）に合わせて切る。

3

テリーヌ型に白桃のジュレを厚さ1cmほどに流す。

4

小豆のチーズケーキを、オーブンペーパーがついた底を上にしてテリーヌ型に入れ、軽く押さえて中の気泡を抜き、ペーパーを外す。

5

ジュレを薄く流し、チーズケーキを覆う。

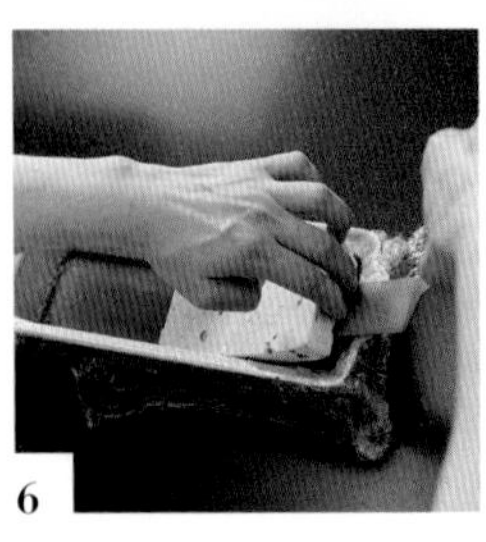
6

小豆の淡雪かんを重ね、上からパレットナイフで水平に押さえる。

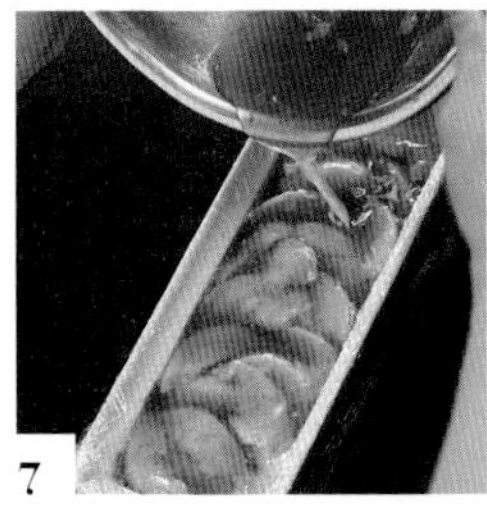
7

白桃のポシェを見栄えよくぎっしりと並べ、平らにならし、残りのジュレをひたひたに注ぐ。

8

ラップで包み、冷蔵庫で半日以上冷やし固める。

[組み立て・盛り付け]

材料 仕上げ用

銀箔……適量

1

テリーヌはラップに包んだまま取り出し、1.5cm幅に切る。ラップを外し、盛り付け用の皿に盛る。

2

テリーヌの奥と手前にゆで小豆を直線に敷く。銀箔を飾る。

蕎麦のクープ
Coupe au *Soba*

ここ数年、注目されている蕎麦の実を、
牛乳でじっくり煮てリ・オレ仕立てにした。
蕎麦茶のアイス、蕎麦粉のチュイールを合わせ、
仕上げに蕎麦の実のローストを散らして、香ばしく。
リ・オレの蕎麦の実は、冷たいとかたくなるので
温かい状態で提供するのがおすすめだ。

蕎麦

Soba
Sarrasin

DATA

分類	タデ科ソバ属
おもな産地	北海道、茨城県、栃木県など
おもな輸入先	中国、アメリカ、カナダ
保存法	実と粉は冷凍保存、蕎麦茶は常温保存

蕎麦の実

玄そばと呼ばれる蕎麦の実から、黒い外皮（蕎麦殻）を取り除いたもの。抜き実、丸抜きとも呼ばれる。

◉使用例

ゆでる、炊くほか、オーブンで香ばしくローストしても。蕎麦の実オ・レ〈P21〉、蕎麦の実のロースト〈P23〉、蕎麦がき〈P228〉など。白米に混ぜて炊いても。

蕎麦の実オ・レ

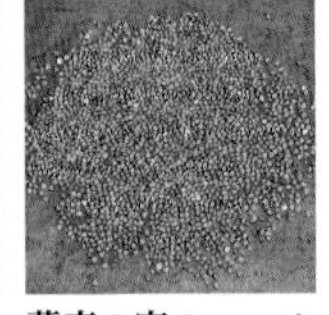
蕎麦の実のロースト

蕎麦がき

蕎麦米

蕎麦の実をゆでるまたは蒸してから外皮をむき、乾燥させたもの。長野や徳島、山形では郷土料理に使われている。

蕎麦茶

黒い外皮を除いた蕎麦の実を、香ばしく焙煎したもの。煎じてお茶にする。

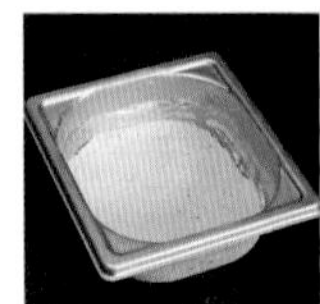

◉使用例

蕎麦茶のエキスを液体に抽出して使う。蕎麦茶のアイスクリーム〈P21〉、ジュレ、ムース、プリンなど。

蕎麦粉

外皮を除いた蕎麦の実を粉末にしたもので、そばの原料。製粉の仕方によって、一番粉、二番粉、三番粉、四番粉と分かれ、外皮ごとひいた「ひきぐるみ」もある。フランスではそば粉のクレープ「ガレット」が有名。

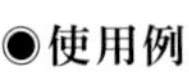

◉使用例

蕎麦粉のみで、あるいは小麦粉と混ぜて使う。蕎麦粉のチュイール〈P22〉、サブレなど。

◉ デザートに使う時のポイント

蕎麦の繊細な風味を生かす

蕎麦の魅力は香ばしくて繊細な風味。デザートとしては蕎麦の味わいだけでも成り立つが、何かと組み合わせる時は、蕎麦の味が消えないように主張のある味わいのものは避ける。

新鮮なものを選ぶ

蕎麦の実や蕎麦粉は鮮度や香りが失われやすいので、なるべく早めに使う。保存は冷凍庫がおすすめ。

composant 1

蕎麦の実オ・レ

Graines de *Soba* au lait

材料 4〜5人分

蕎麦の実 100g

牛乳 750g

カソナード 75g

塩 1g

作り方

1

蕎麦の実は30分ほど水に浸す。

2

鍋に、水気をよくきった**1**、その他の全ての材料を入れて火にかける。沸騰したら弱火にし、時々混ぜながら40分ほど煮る。蕎麦の実がやわらかくなり、牛乳の煮汁がとろりとしてひたひたよりやや多いくらいまで煮詰まったらOK（蕎麦の実はあとで冷やした時に、若干固くなるのを見越し、やわらかめに煮上げる）。

3

火を止めてボウルに移し、底を氷水に当てて混ぜながら冷やす。※保存は冷蔵庫で。作った当日に使い切る。

composant 2

蕎麦茶のアイスクリーム

Crème glacée aux graines de *Soba* torréfiées

材料 15人分

A
- 牛乳 600g
- 生クリーム（乳脂肪分35%）......140g
- 水あめ 20g

蕎麦茶〈P20参照〉......60g

B
- カソナード 80g
- 安定剤 2g

作り方

1

鍋に**A**を混ぜ、火にかける。沸騰したら火を止めて蕎麦茶を入れ、ふたをしてそのまま10分ほど蒸らす。

2

混ぜ合わせた**B**を**1**に加え、再度沸騰させる。

3

2をボウルに漉し入れ、蕎麦茶をゴムべらで押しながらしっかりと蕎麦茶のエキスを出す。底に氷水を当てて冷やし、アイスクリームマシンにかける。

composant 3

ブルーベリーのマルムラード
Marmelade de myrtilles

材料　5人分

ブルーベリー ……200g

レモン汁 ……6g

A | グラニュー糖 ……16g
  | ペクチンNH ……4g

作り方

1 Aは混ぜ合わせておく。

2 鍋にブルーベリーとレモン汁を入れ、ブルーベリーをゴムべらで軽くつぶしながら煮立てる。

3 Aを加えて混ぜ、再び沸騰させる。火を止めてそのまま冷ます。

composant 4

蕎麦粉のチュイール
Tuiles à la farine de *Soba*

材料　作りやすい分量

バター ……30g

粉糖 ……30g

卵白 ……28g

蕎麦粉 ……35g

作り方

1

ボウルに常温にもどしたバター、粉糖を入れて泡立て器で混ぜ合わせる。卵白を加えて混ぜ、蕎麦粉を加える。

2

パレットナイフでベーキングシートの上に10×20cmほどの大きさに薄く伸ばし、三角コームで筋を作る。

3

シートごと天板に乗せ、160℃に予熱したオーブンで10分ほど焼く。

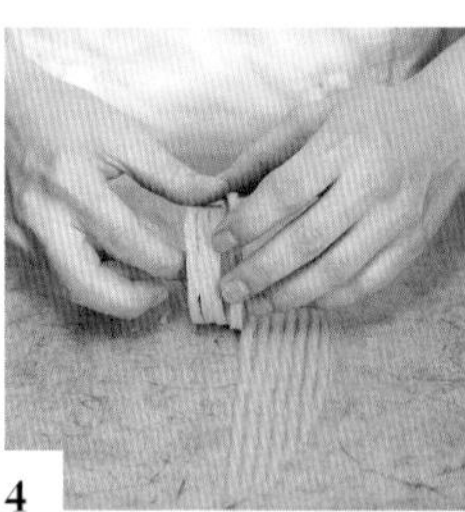

4

熱いうちに3～4本ずつ取り、盛り付け用のグラスに入るくらいの大きさにざっとまとめ、トレーなどに置いてそのまま冷ます。

composant 5

蕎麦の実のロースト

Graines de *Soba* torréfiées

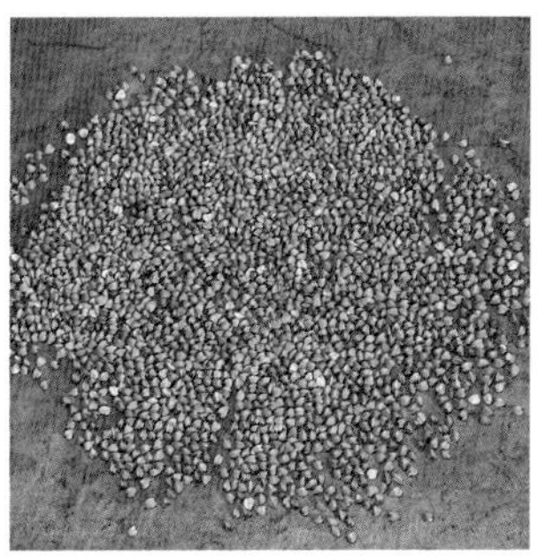

材料 作りやすい分量

蕎麦の実 ……適量

作り方

1 天板にベーキングシートを敷き、蕎麦の実を広げる。

2 150～170℃に予熱したオーブンで15分ほど焼く。

〖組み立て・盛り付け〗

1

盛り付け用のグラスにブルーベリーのマルムラードを25～30gこんもりと盛る。

2

蕎麦の実オ・レを100～110g注ぎ入れる。

3

クネル型に取った蕎麦茶のアイスクリームをのせる。

4

アイスの上に蕎麦粉のチュイールをのせ、蕎麦の実のローストをふる。

ごまのデクリネゾン
Déclinaison de *Goma*

通常はアーモンドやヘーゼルナッツで作るプラリネを、
黒と白、2色のごまでアレンジ。
さらに、ごまのチュイールにも2色のごまを使った。
相性抜群の「ごま×いちじく」の組み合わせを
応用し、香ばしい一皿に仕上げた。

ごま

Goma
Sésame

DATA

分類	ゴマ科ゴマ属
原産地	インドまたはエジプト
おもな輸入先	アフリカ、中南米、アジア
保存方法	密閉できる容器や袋に入れて冷暗所に保存

白ごま

世界中で生産され、日本でも最もポピュラー。黒ごまと比べて油脂量がやや多い。炒りごまのほか、すりごまや切りごまもある。

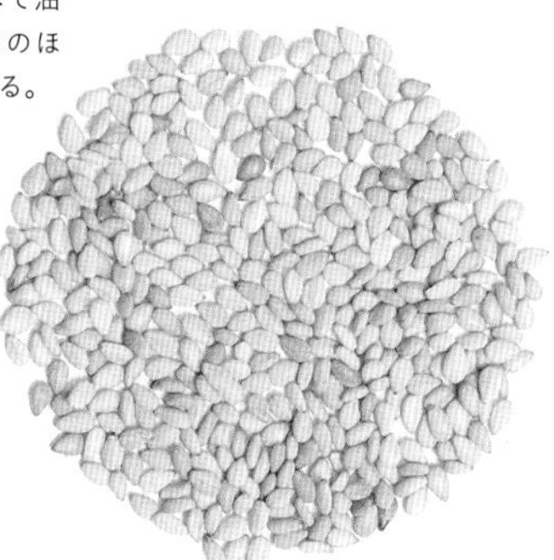

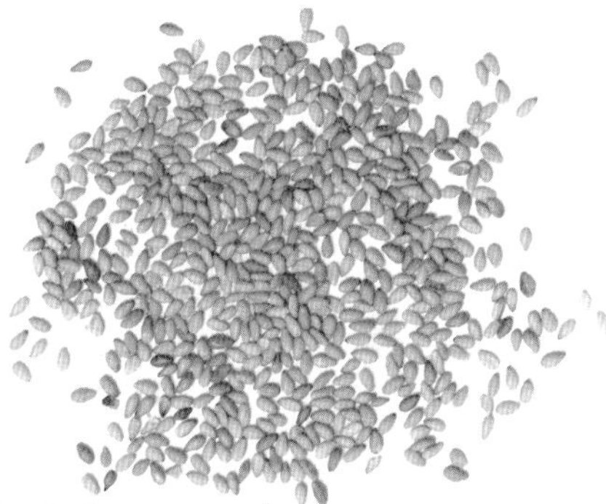

金ごま

コクがあり香りが良い。トルコ産が多いが、近年では日本国内の生産も増加中。「黄ごま」「茶ごま」とも。

黒ごま

香りが強くコクのある黒ごま。抗酸化作用のあるポリフェノール色素「アントシアニン」を含む。

ごまのチュイール　ごまのプラリネ

◉使用例

ごまのプラリネ〈P26〉、ごまのチュイール〈P27〉のほか、パウンドケーキなどの生地ものに加える。

白練りごま／黒練りごま

焙煎したごまをすりつぶしてペースト状にしたもの。油脂分とごまが分離している時はよく混ぜ合わせて使う。

◉使用例

黒ごまのアイスクリーム〈P28〉のほか、プリンやムース、マカロンにはさむクリームに使ったり、ケーキの生地に練り込んでも。

黒ごまのアイスクリーム

◉ デザートに使う時のポイント

いちじくやチョコが好相性

ごまといちじくはお互いを引き立てる相性の良い組み合わせ。また、チョコレートともよく合う。

2色のごまで変化を出す

白と黒、2色を使えば、同じデザートでも見た目や味にバリエーションがつけられる。

すりごまはその場でする

すりごまはあらかじめすったものが市販されているが、それよりも、必要な時に炒りごまをすって使うほうが、風味が立っておいしい。

練りごまの油脂分を考慮する

練りごまには油脂分が多く含まれているため、使う時は、他に加える油脂分（バターなど）を控えめにするなどの調整が必要。

composant 1

ごまのプラリネクリーム

Crème au praliné de *Goma*

材料 10人分

生クリーム（乳脂肪分35%）……100g

サワークリーム……100g

ごまのプラリネ〈右記参照〉……60g

板ゼラチン……1g

作り方

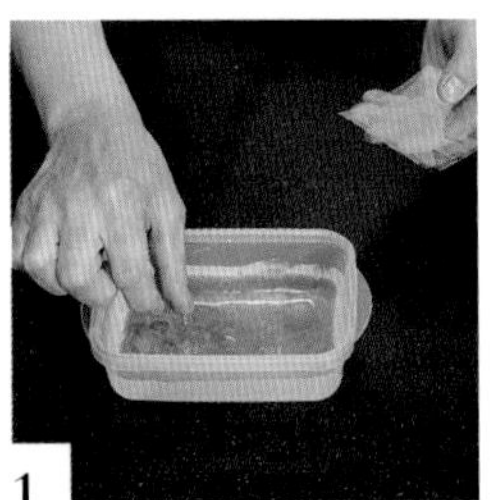

1 板ゼラチンは氷水でもどしておく。

2 ボウルに生クリームとサワークリームを入れ、七分立てにする。

3 耐熱ボウルに、水気を絞ったゼラチン、少量の**2**を入れて電子レンジで軽く温め、混ぜ溶かす。これを**2**のボウルに戻し入れ、混ぜ合わせる。

4 **3**を泡立て器で軽く泡立て、ごまのプラリネを加えて混ぜ、ややややわらかめに仕上げる。冷蔵庫で保存する。

ごまのプラリネ

Praliné de *Goma*

材料 作りやすい分量

黒炒りごま……100g

白炒りごま……100g

A 水……30g

　グラニュー糖……100g

作り方

1 鍋に**A**を入れて中火にかけ、120℃になるまで煮詰める。

2 火を止め、2種のごまを加えてゴムべらで手早く混ぜ続け、ごまの周りを砂糖で白くコーティング（結晶化）させる。鍋底も白くコーティングされ、ごまがパラパラになったらOK。

3 再び中火にかけ、砂糖が溶けて茶色いキャラメル状になるまで混ぜる。

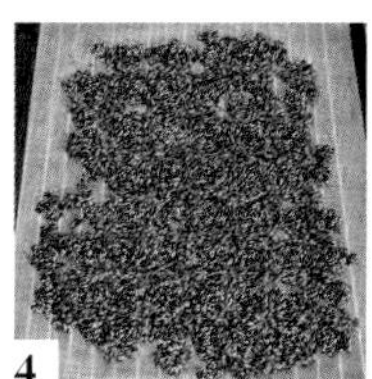
4

ベーキングシートに3を広げ、冷ます。

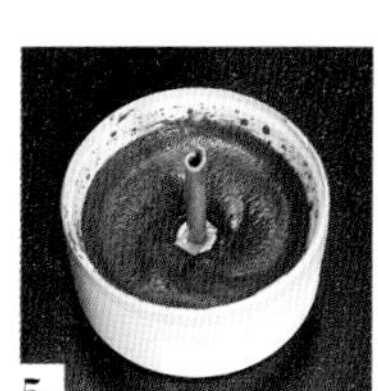
5

フードプロセッサーにかけ、なめらかなペースト状にする。

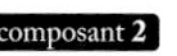
composant 2

ごまのチュイール
Tuiles au *Goma*

材料 15人分

黒炒りごま 50g
白炒りごま 50g

A
- 生クリーム(乳脂肪分35%) 15g
- バター 30g
- グラニュー糖 30g
- 水飴 30g

作り方

1

鍋に**A**を入れて火にかけ、混ぜながら乳化させる。

2

沸騰したら火から下ろし、2種のごまを加えてよく混ぜて絡める。

3

ベーキングシートを敷いた天板に、**2**を適当な大きさに広げる。170℃に予熱したオーブンで約20分、全体が色付くまで焼く。

4

取り出して熱いうちに5cm幅の帯状に切り、さらに底辺3cmほどの小さな三角形に切り分ける。

5

手で軽くカーブをつけ、トレーなどにのせて冷ます。硬くなってカーブがつけられない場合は、オーブンの余熱でやわらかくしてから行う。

composant 3

黒ごまのアイスクリーム

Crème glacée au *Goma* noir

材料　6人分

A
- 牛乳 180g
- 生クリーム(乳脂肪分35%) 45g
- 水あめ 10g

卵黄 45g

カソナード 35g

黒練りごま 60g

作り方

1

鍋にAを入れて混ぜ、沸騰直前まで温める。

2

ボウルに卵黄、カソナードを入れてすり混ぜ、1を半量加えてなじませる。それを鍋に戻し、全体を混ぜながら83℃まで温める。

3

2をボウルに漉しながら入れ、黒ごまペーストを加えて混ぜる。

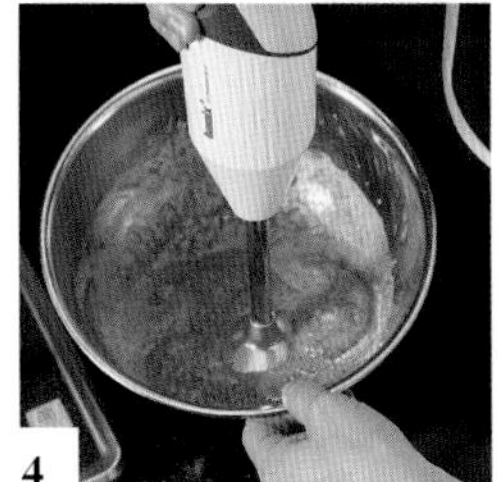

4

ハンドブレンダーにかけてムラなく混ぜる。底を氷水に当てて混ぜながら冷やし、アイスクリームマシンにかける。

composant 4

いちじくのマルムラード

Marmelade de figues

材料　15人分

いちじく 1kg

A
- すりおろしたオレンジの表皮 20g
- オレンジジュース 150g
- フランボワーズピューレ 30g

B
- グラニュー糖 20g
- ペクチンNH 10g

作り方

1　いちじくは皮つきのまま細かく切る。Bは混ぜ合わせておく。

2　鍋にいちじくとAを入れて火にかけ、混ぜながら沸騰させる。Bを加えて混ぜ、ボウルに移してハンドブレンダーで攪拌する。

3　鍋に戻して再び火にかけ、沸騰させる。

[組み立て・盛り付け]

材料 仕上げ用

いちじく……適量

1

いちじくは天地を切ってから8等分のくし形に切り、ナイフを寝かせて薄く皮をむく。

2

盛り付け用の皿に、いちじくのマルムラードをスプーンで2箇所に丸く落とす。その近くにごまのプラリネクリームを丸く落とす。

3

1で切ったいちじくを3切れほど盛る。

4

ごまのチュイールを少量崩し、アイスクリームの滑り止め用に小さく盛る。いちじくにチュイールを2枚さす。

5

4の滑り止めの上に、クネル型にとった黒ごまのアイスクリームをのせる。

発芽玄米のリゾット、パイナップルのキャラメリゼ

Risotto de *Genmai* germé, ananas caramélisé

最初は、玄米粉を使ってイタリアのポレンタのようなデザートを作れないかと考えたが、発芽玄米の粒々した食感に魅かれリゾットにシフトチェンジ。発芽玄米は香ばしいものと相性が良いので、ナッツ類やカソナード、キャラメリゼしたパイナップルなどを合わせた。

玄米

Genmai
Riz complet

DATA

原料	稲の種子（うるち米）
収穫時期	9〜10月

発芽玄米

玄米はうるち米のもみ殻を除いたものだが、その玄米を浸水し、発芽させたものが発芽玄米。ビタミンやミネラル、食物繊維、GABAを含む。デザート作りには、玄米よりも発芽玄米のほうがおすすめ。浸水時間が短くてすみ、味も食べやすい。

発芽玄米のリゾット

◉使用例

炊いたり、発芽玄米のリゾット〈P32〉のように煮て使う。炊いた後に天日で1週間干し、油で揚げれば「おこげ」になり、フルーツソースをかければデザート仕立てにもなる。

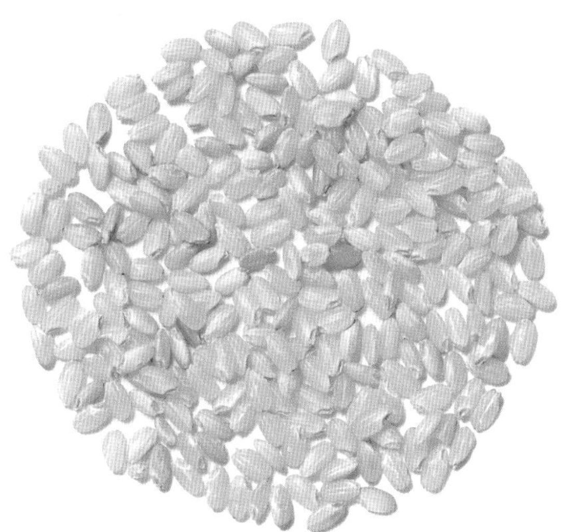

玄米パフ（玄米ポン）

玄米で作ったポン菓子。専用の機械で加熱しながら圧力をかけた後、一気に減圧して米を膨張させて作る。その際に出る「ポン」という音が名前に。サクサクした食感。

◉使用例

チョコをからませたり、キャラメリゼしたりして使う。玄米パフのグラノーラ〈P33〉など。

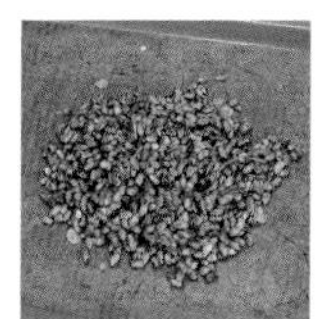
玄米パフのグラノーラ

玄米粉

玄米を炒り、挽いて粉状にしたもの。

◉使用例

小麦粉の代わりか、または小麦粉と混ぜ、ドーナツやパンケーキなどの生地として幅広く使える。

◉ デザートに使う時のポイント

玄米の「香ばしさ」に合うものを

合わせるものは、玄米の特徴である「香ばしさ」を主軸に考えるとよい。相性が良いのはパイナップルやマンゴーなどのエキゾチック系や、ベリー系といった味のはっきりしたフルーツ。また、キャラメルも合う。

粒々の食感とかみごたえを生かす

玄米や発芽玄米は、粒々の食感やかみごたえを生かしたデザートに展開するとよい。

炊く・煮る時は水分量を多めに

発芽玄米は白米よりも固いので、やわらかく仕上げたい時は浸水時間を増やしたり、炊く時に水分を多めに入れる。米なので粘り気が出ることも考慮する。

composant 1

発芽玄米のリゾット
Risotto de *Genmai* germé

材料 10人分

発芽玄米 100g

A
- 牛乳 600g
- レーズン（細かく刻む） 20g
- グラニュー糖 50g
- 塩 0.5g

クレーム・アングレーズ〈右記参照〉......全量

作り方

1 発芽玄米は鍋に入れ、たっぷりの水で一晩浸す。

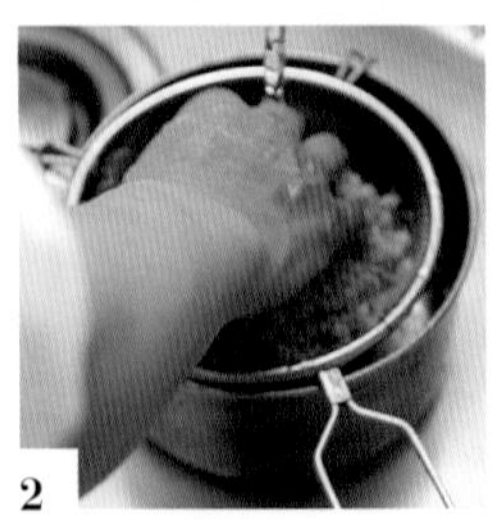

2 1をそのまま火にかけてゆでこぼし、玄米をさっと洗って粘り気を除く。

3 鍋にA、水気をきった玄米を入れて火にかける。沸騰したら極弱火にし、玄米の芯がなくなるまで時々混ぜながら30～40分煮る。水分が少なくなってもまだ芯があるようなら、牛乳か水を足してさらに煮る。

4 煮汁が程よく煮詰まり、玄米がやわらかく煮えたら*1、火を止め、そのまま冷ます。クレーム・アングレーズを加えて混ぜ合わせ、冷蔵庫で冷やす*2。

*1 玄米はあとで冷やした時に、若干固くなるのを見越し、やわらかめに煮上げる

*2 リゾットが温かいうちにクレーム・アングレーズと合わせ、温かいデザートに仕上げてもよい

クレーム・アングレーズ
Crème anglaise

材料 10人分

A
- 牛乳 125g
- バニラビーンズのさやと種 1/4本分

卵黄 30g

グラニュー糖 20g

作り方

1 鍋にAを入れ、沸騰直前まで温める。

2 ボウルに卵黄、グラニュー糖を入れてすり混ぜ、1を加えて混ぜ合わせる。それを鍋に戻し、混ぜながら83℃まで温める。

3 2をボウルに漉しながら入れ、底を氷水に当てて混ぜながら冷やす。

composant 2

玄米パフのグラノーラ

Granola au *Genmai* soufflé

材料　20人分

A
- 玄米パフ〈P31参照〉……125g
- アーモンドスライス……50g
- かぼちゃの種……30g
- くるみ……30g
- ココナッツファイン……15g

B
- はちみつ……50g
- オリーブオイル……45g
- カソナード……35g
- 塩……4g

作り方

1

Aはベーキングシートを敷いた天板に広げ、160℃に予熱したオーブンで10分ほど焼く。取り出してそのまま冷ます。

2

大きめのボウルに**1**をすべて入れ、混ぜ合わせておく。

3

鍋に**B**を入れ、混ぜながら煮立てる。熱いうちに**2**のボウルに入れてよく混ぜる。

4

ベーキングシートを敷いた天板の上に広げ、160℃のオーブンで10分焼く。取り出してそのまま冷まし、手でほぐす。

composant 3

パイナップルのキャラメリゼ

Ananas caramélisé

材料　8人分

- パイナップルのさく(皮と芯を除いたもの)……4さく
- グラニュー糖……40g
- 水……20g
- ラム酒……6g

作り方

1. パイナップルは一口大に切る。
2. フライパンにグラニュー糖を敷いて火にかけ、薄いキャラメル状になるまで熱する。パイナップルを入れ、全面にキャラメルをからませる。
3. 水を加えてキャラメルを溶かし、ほぼ水分がなくなってきたらラム酒を加えてフランベする。

composant 4

ココナッツのエミュルション
Émulsion coco

材料 作りやすい分量

牛乳 250g
ココナッツピューレ 100g
マリブ（ココナッツリキュール）......20g

作り方

1 鍋にすべての材料を入れて火にかけ、70℃ぐらいまで温める。

2 ハンドブレンダーにかけ、大きな泡をつぶすように攪拌し、ひと呼吸おく。これを2～3回繰り返して細かい泡を作る。

〚 組み立て・盛り付け 〛

材料 仕上げ用

牛乳 ......適宜
すりおろしたライムの表皮 ......ひとつまみ

1
発芽玄米のリゾットは、テクスチャーが固そうなら牛乳を加えてのばす。盛り付け用の皿に60gほど盛る。

2
パイナップルのキャラメリゼを2切れのせる。

3
ココナッツのエミュルションを再びハンドブレンダーで泡立てる。

4
玄米パフのグラノーラを散らし、パイナップルの上にエミュルションをかける。すりおろしたライムの表皮をふる。

きびとダークチェリーのガレット

Galette de *Kibi* et cerises noires

赤茶色の高きびと黄色のもちきび、2色のきびで
何か作れないかと考案したデザート。
きびはクセがないようでいて噛みしめるほどに風味が増す食材。
きびに負けない噛みごたえがあり、温かいデザートに合う
ダークチェリーを相方に選んだ。
あられの食感とサワークリームの酸味がアクセント。

使用する和素材について

きび
Kibi
Millet

DATA

分類	【もちきび】イネ科キビ属 【赤高きび】イネ科モロコシ属
収穫時期	晩夏～秋

もちきび

きびには「もち種」と「うるち種」があるが、市場に多く出回るのはほぼもち種。もちきびは名の通りもち種のきびで、小粒で黄色く、炊くと甘くもちもちとした食感になる。おはぎなどに使われる。

赤高きび

炊くとプチプチとした歯ごたえと弾力が生まれる、大粒の赤茶色のもち種のきび。もろこしとも呼ばれ、英語名はソルガム、中国名は高粱（コウリャン）。ひき肉の代用に使われることも。主な産地は岩手県や東北の一部、長野県など。

◉使用例

炊いたきび

炊いたきびからの3例

▶ **きびだんご**

炊いたきびをすり鉢に入れてつき、丸めるとだんごに。桃太郎の話にでてくる「きびだんご」の元になっている。

▶ **きびのガレット**

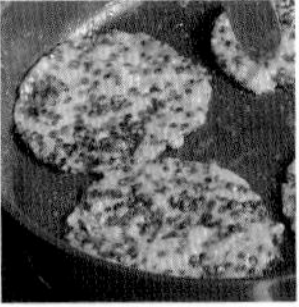

炊いたきびを麺棒で薄くのばし、フライパンで焼いてガレットに〈P37〉。

▶ **きびのあられ**

炊いたきびを小さくちぎって油で揚げれば、香ばしいあられになる〈P38〉。

◉ デザートに使う時のポイント

かみごたえのあるものを合わせる

きびはもちっとした食感で食べごたえがあるので、それに負けない、噛みごたえのある食材を合わせるとよい。チェリー、プラム、もも、あんず、パイナップルなど。

アジアンデザートにも

炊いたきびをそのまま、もしくは餅のように小さく丸めたものを使って、ベトナムのチェーや、台湾の豆花（トウファ）などにアレンジしても。

AUTRE

ホワイトソルガム

きびの渋味の元となるタンニンを取り除いた、無味無臭のうるち種の白高きび。厳しい環境でも育つ、グルテンフリーの穀類として近年注目されている。

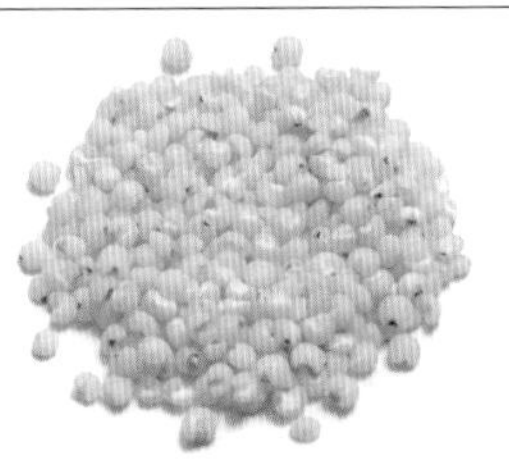

◉使用例

パウダー状にしたものは、小麦粉の代わりに使えて汎用性が高い。サクッと軽い食感。

composant 1

きびのガレット

Galette au *Kibi*

材料 直径8.5cmのガレット6〜8枚分

A | もちきび ……75g
　| 水 ……150g
　| 塩 ……0.5g

B | 高きび ……75g
　| 水 ……180g
　| 塩 ……0.5g

グラニュー糖 ……適量

バター ……適量

作り方

1 Aのもちきび、Bの高きびはそれぞれ2〜3回水を替えながら洗い、目の細かいざるで水気をきる。別の鍋に入れてそれぞれ分量の水を加え、1時間ほど浸す。

2 A、Bそれぞれに塩を加え、火にかける。沸騰したら極弱火にし、ふたをして、もちきびは17〜18分、高きびは20分炊く。火を止め、10分ほど蒸らす。

3 温かいうちにOPPフィルムを広げた上に2種のきびを取り出し、手でちぎりながら大まかに混ぜる。

4 OPPフィルムをもう1枚上にかぶせてきびをはさみ、手のひらで押して平らにする。高きびの粒の厚みまで麺棒でのばす。冷蔵庫で20分以上冷やす。

5 上のOPPフィルムをはがし、直径8.5cmのセルクルで抜く（残った生地は「きびのあられ」〈P38〉で使う）。両面にグラニュー糖を多めにまぶす。

6 組み立ての直前に焼く。フライパンにバターを溶かして5を入れ、両面を焼いて軽くキャラメリゼする。

composant 2

ダークチェリーのマルムラード

Marmelade de cerises noires

材料 8人分

ダークチェリー ……200g

レモン汁 ……6g

バニラビーンズのさやと種 ……1/3本分

A | グラニュー糖 ……15g
　| ペクチンNH ……2g

作り方

1 ダークチェリーは半割りにして種を除き、細かく刻む。Aは混ぜ合わせておく。

2 鍋に1のダークチェリー、レモン汁、バニラビーンズを入れて火にかける。沸騰したらAを加えて再び沸騰させ、そのまま冷ます。

composant 3

きびのあられ
Craquelins de *Kibi*

材料 6〜8人分

もちきび、高きびを炊いたもの(『**きびのガレット**』〈P37〉で残った生地)……適量
揚げ油(サラダ油)……適量
シロップ(ボーメ30°)……適量

作り方

1

もちきび、高きびの炊いたものは小指大にちぎる(時間があれば、そのまま半日おいて乾燥させると、水分がとんで揚げてもはねにくくなる)。

2

揚げ油を180℃に熱して1を揚げる。

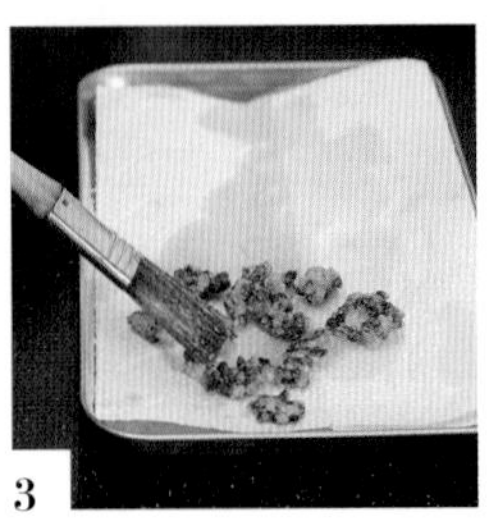

3

熱いうちに刷毛でシロップをぬり、ベーキングシートを敷いた天板にのせる。200℃に予熱したオーブンで1〜2分焼き、シロップの水分をとばす。取り出して冷ます。

[[組み立て・盛り付け]]

材料 仕上げ用

ダークチェリー……1人分につき8〜9個
サワークリーム……適量

1

ダークチェリーは半割りにして種を除いておく。盛り付け用の皿にきびのガレットを置き、ふちから7mmほど残した内側に、ダークチェリーのマルムラードをぬる。

2

1の上に、ダークチェリーを放射線状に盛り、中心も同様に盛る。

3

上に小さめのクネル型にとったサワークリームをのせ、きびのあられを散らす。

枝豆のゴーフレット、フロマージュブランのソルベ

Gaufrettes à l'*Edamame*, sorbet au fromage blanc

このデザートではゆでた枝豆だけでなく、
おつまみ用のフリーズドライの枝豆も活用し、トッピングに散らしたり、
パウダー状にしてゴーフレット生地に練り込んだりと大活躍。
枝豆は加工してもきれいなグリーンが残るので、
色を軸にデザインを考えるのも一法だ。

使用する和素材について

枝豆
Edamame
Soja vert

DATA

分類	マメ目マメ科ダイズ属
収穫時期	7月～9月上旬
選び方	なるべく新鮮なもの。さやがきれいな緑色で、豆の大きさが均一なもの。枝付きで売っているもののほうが鮮度が落ちにくい
保存方法	鮮度が落ちやすいのでできるだけ早くゆでる。保存する場合はポリ袋に入れて野菜室へ

枝豆

大豆が熟す前に収穫したもの。さやごとゆでて使う。すりつぶした豆に砂糖を加え、餅にからめた東北地方のずんだもちが有名。

◉使用例

ゆでた枝豆をミルで撹拌してペースト状にしたものは、ムースやアイス、ソースなどに応用できる。

枝豆ペースト〈P42〉

枝豆のソース〈P42〉

◉ デザートに使う時のポイント

きれいなグリーンを役立てる

枝豆は加工しても色があまり劣化しないのが良いところ。きれいなグリーンを生かしてデザートの構成を考えるのもひとつの手。

枝豆の味とけんかしないものを

枝豆の味わいは意外と特徴的なので、レモンやライムなど枝豆の味を邪魔しないものを合わせて枝豆の味を生かすとよい。

加工によってゆで加減を変える

生の枝豆をゆでる時は、その後、粒のまま加工する場合は固めにゆで、ペースト状に加工する時はやわらかめにゆでる。

茶豆

さやの産毛がうっすら茶色なのが特徴で、風味が濃く、デザートの加工にも向く。山形県鶴岡市特産のだだ茶豆が有名。

冷凍品も便利

あらかじめ塩ゆでしてある冷凍品は季節を問わず使えて便利。さやつきのものと、むき身のものがある。

フリーズドライの枝豆

塩ゆでした枝豆をフリーズドライ加工したもの。サクッとした食感でそのまま食べられる。

◉使用例

そのままトッピングに使うほか、ミルでパウダー状にして焼き菓子などに混ぜても。

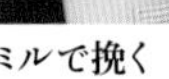
ミルで挽く

枝豆のゴーフレット

composant **1**

枝豆のゴーフレット

Gaufrettes à l'*Edamame*

材料 直径15cmの生地8枚分

全卵 90g

粉糖 50g

A | 枝豆パウダー*1 ......30g
薄力粉 72g
ベーキングパウダー 6g

溶かしバター*2 ......75g

*1 フリーズドライの枝豆をミルで粉砕したもの
*2 電子レンジで50℃ほどに温めて溶かしたもの

作り方

1

粉糖はふるっておく。**A**も合わせてふるっておく。

2

ボウルに全卵を溶きほぐし、粉糖を加えて泡立て器で混ぜ合わせる。**A**を加えてさらに混ぜる。

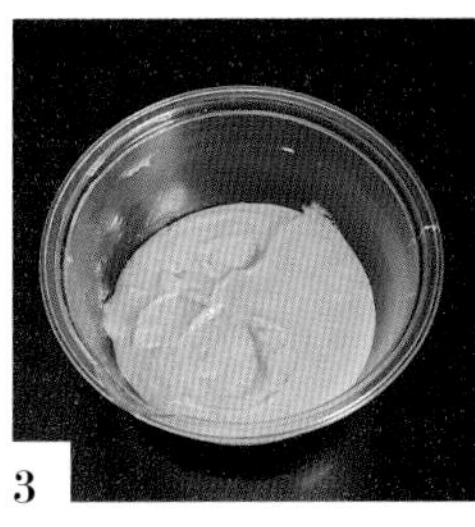

3

溶かしバターを加え、ツヤが出るまでよく混ぜる(乳化)。できれば常温に30分ほどおき、生地をなじませる。

4

絞り袋に10mmの丸口金をつけ、生地を入れる。ゴーフレットメーカーを熱して刷毛で溶かしバター(分量外)を塗り、中央に生地を35gほど絞り、はさんで両面を焼く。

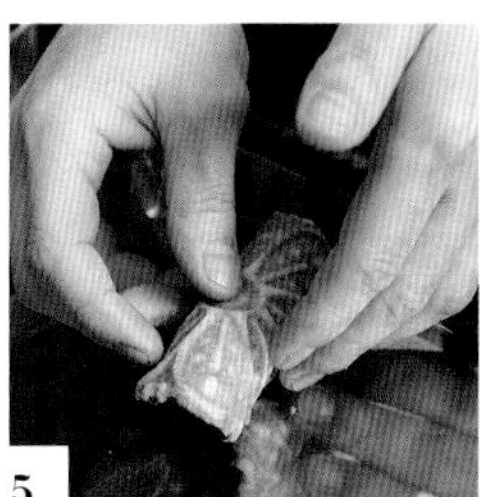

5

こんがりと焼き色がついたら取り出し、温かいうちに直径2cmの筒状に丸める。ソルベを絞る数分前に、冷凍庫に入れて冷やす。

composant **2**

フロマージュブランのソルベ

Sorbet au fromage blanc

材料 12人分

水 200g

はちみつ 40g

A | グラニュー糖 80g
安定剤 2g

レモン汁 48g

フロマージュブラン 300g

作り方

1 **A**は混ぜ合わせておく。

2 鍋に、水、はちみつを入れて温め、**A**を加えて沸騰させる。

3 2をボウルに移し、底を氷水に当てて混ぜながら冷やし、レモン汁、フロマージュブランを加える。アイスクリームマシンにかける。

composant 3

枝豆のソース

Sauce d'*Edamame*

材料　10人分

A｜牛乳 125g
｜生クリーム（乳脂肪分35%）......40g

卵黄 13g

グラニュー糖 50g

枝豆ペースト〈右記参照〉......80g

塩 ......適量

作り方

1

鍋に **A** を入れて沸騰直前まで温める。

2

ボウルに卵黄とグラニュー糖を入れて混ぜ、**A** を半量加えて混ぜ合わせる。それを鍋に戻して全体を混ぜながら、83℃まで温める。

3

枝豆ペーストを加えてハンドブレンダーでなめらかになるまで混ぜる。

4

3 を漉しながらボウルに入れる。この時、ゴムべらで押しながらしっかりと枝豆のエキスを出す。塩で味を調え、冷蔵保存する。

枝豆ペースト

枝豆は生なら塩ゆでし、冷凍品なら解凍し、さやから出して150gを計量する。水45gと合わせ、ミルまたはハンドブレンダーにかけてペースト状にする。

composant 4

枝豆の砂糖がけ

Edamame cristallisé

材料　6人分

フリーズドライの枝豆〈P40参照〉......30g

A｜水 10g
｜グラニュー糖 30g

作り方

1

鍋に **A** を入れて火にかけ、120℃になるまで煮詰める。

2

火を止め、フリーズドライの枝豆を加えてゴムべらで手早く混ぜ続け、枝豆の周りを白くコーティング（結晶化）させる。

3

パラパラになったらベーキングペーパーに取り出し、冷ます。

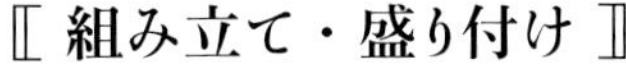

〚組み立て・盛り付け〛

材料 仕上げ用

レモンのカルチエ ......適量
すりおろしたレモンの表皮 ......適量
枝豆パウダー* ......適量

* フリーズドライの枝豆をミルで粉砕したもの

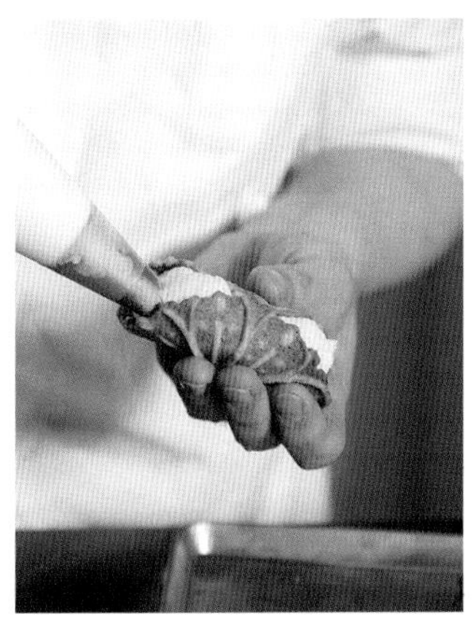

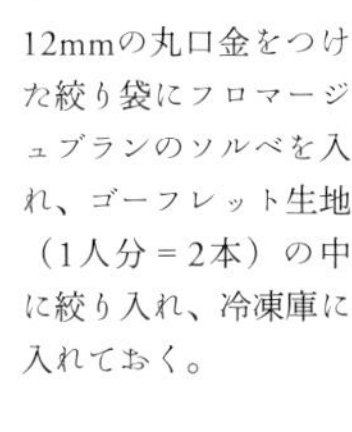

1

12mmの丸口金をつけた絞り袋にフロマージュブランのソルベを入れ、ゴーフレット生地（1人分＝2本）の中に絞り入れ、冷凍庫に入れておく。

2

レモンのカルチエは3〜4等分に切る。

3

盛り付け用の皿に2のレモンをいくつか置き、その上に1を盛る。さらに、バランスをみて残ったレモンのカルチエを配置する。

4

枝豆のソースを皿の上に3箇所ほど丸く落とす。

5

ソルベの上あたりに、すりおろしたレモンの表皮をふる。

6

バランスをみて、枝豆の砂糖がけを10粒ほど配置し、枝豆パウダーをふる。

さつまいもとりんごの真薯
SHINJO de *Satsumaimo* et pommes

白身魚や山いもで作る和食の「真薯」の手法を、デザートに取り入れた。
さつまいもとりんごのコンビをベースに、餡の代わりにレモンのソースをかけ、
白髪ねぎの代わりにさつまいもの千切りフライをのせた。
見た目は完全な和食だがじつはデザート、という意外性を演出した。

使用する和素材について

さつまいも

Satsumaimo
Patate douce

DATA

分類	ヒルガオ科サツマイモ属
選び方	皮に張りがあって、太く、ずっしりとした重みのあるもの
保存方法	新聞紙などに包み10〜15℃の冷暗所で保存

安納いも

種子島の特産品。ゆっくり時間をかけて焼くことで糖度は40度にも。糖分と水分が多いので、レシピの調整が必要。

干しいも

さつまいもを蒸し、食べやすい形状に切って乾燥させたもの。しっとりとした食感と甘みがある。

◉使用例

角切りにして、パウンドケーキの生地やアイスの仕上げに混ぜて、食感を楽しむ。

紅あずま

関東を中心に作られている品種で、焼きいもに向くホクホクタイプ。淡い黄色で繊維質が少ない。

◉使用例

スイートポテト、アイス、いもけんぴなど、さつまいもスイーツは多種。

さつまいもとりんごの真薯

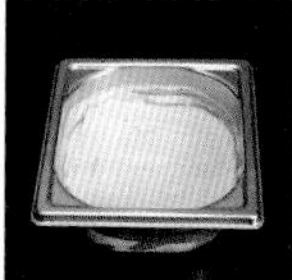

さつまいものアイスクリーム

◉ デザートに使う時のポイント

下ごしらえはオーブンで

さつまいもはゆでたり蒸したりすると、水分が入って味がぼけてしまう。オーブンで焼くことで甘みが凝縮され、味が濃くなる。

黒砂糖系と好相性

さつまいもに合わせる糖は、てんさい糖やカソナードといった黒糖系がおすすめ。より深い風味になる。

酸味のあるフルーツも◎

さつまいもは、マイルドな酸味のあるりんごと相性が良い。レーズンなどのドライフルーツとも好相性。

多彩な加工品を利用して

さつまいもは、フレークやパウダー状のもの、クリームを混ぜてあるものなど加工品も多種。上手に取り入れて。

デザートに展開しやすい

◉「焼きいも」の作り方

1

さつまいもは基本的に火を通して使うが、おすすめはアルミホイルで包んでオーブンで焼く方法。甘味が増し、おいしくなる。焼き時間は、紅あずまで180℃で1時間、安納いもで180℃で40分が目安。

1

2

焼けたら皮をむき、温かいうちに裏ごししておくか、または1cmほどの角切りにしておくと、使いやすい。

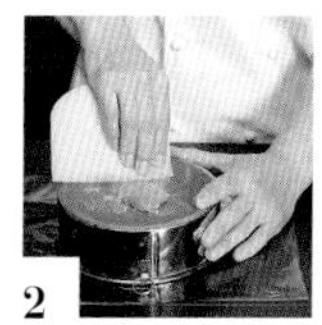

2

3

保存する場合は、ファスナー付き密閉保存袋に入れて冷凍庫へ。

3

composant 1

さつまいもとりんごの真薯

SHINJO de *Satsumaimo* et pommes

材料　6人分

干しいも 60g

りんご（紅玉） 80g

A
- 裏ごしした焼きいも〈P45参照〉 150g
- 卵白 30g
- コーンスターチ 20g
- 塩 2g

B
- 卵白 30g
- グラニュー糖 40g

作り方

1

干しいもは5mm角に切る。りんごは芯を除き、皮ごと5mm角に切る。

2

Aは合わせてハンドブレンダーにかけ、ペースト状にする。

3

ボウルに**B**を入れ、泡立て器でボウルの底に線が見えるくらいの、とろりとしたゆるいメレンゲを作る。泡立てすぎると仕上がりが蒸しケーキのようになってしまうので注意。

4

2、**3**を混ぜ合わせ、**1**を加えて混ぜる。絞り袋に入れる。

5

直径6cmほどの深みのある器にラップを敷き、その中に**4**を70gずつ絞り入れる。口をねじって茶巾絞りにし、根元を輪ゴムなどでとめる。

6

鍋に熱湯を沸かし、**5**を入れて15〜20分ゆでる（または蒸し器で15〜20分ほど蒸す）。竹串を刺して生地がつかなければ（または触って弾力が出てきたら）ゆで上がり。

composant 2

レモンのソース

Sauce au citron

材料　4人分

水 200g

葛粉〈P156参照〉 20g

レモン汁 15g

レモンの皮 1/2個分

A
- グラニュー糖 20g
- バニラビーンズの種 1/3本分

作り方

1　**A**は混ぜ合わせておく。鍋にすべての材料を入れ、沸騰させる。

composant 3

りんごのピューレ
Purée de pommes

材料　4人分

りんご（紅玉）……200g

グラニュー糖 ……25g

アスコルビン酸 ……5g

作り方

1　りんごは芯と皮を除き、5mm角に切る。

2　鍋に全ての材料を入れ、弱火で水分がなくなるまで煮詰める。

3　2をハンドブレンダーにかけてピューレ状にする。そのまま冷ます。

composant 4

さつまいものアイスクリーム
Crème glacée au *Satsumaimo*

材料　8人分

裏ごしした焼きいも〈P45参照〉……140g

A　牛乳 ……180g

生クリーム（乳脂肪分35%）……50g

B　カソナード ……40g

安定剤 ……5g

作り方

1

鍋にAを入れて人肌に温め、混ぜ合わせたBを加えて混ぜる。

2

裏ごしした焼きいもと1を合わせ、ハンドブレンダーで攪拌する。

3

ボウルに移し、底を氷水に当てて混ぜながら冷やす。アイスクリームマシンにかける。

composant 5

さつまいものフライ
Frites de *Satsumaimo*

材料　作りやすい量

さつまいも ……適量

揚げ油 ……適量

作り方

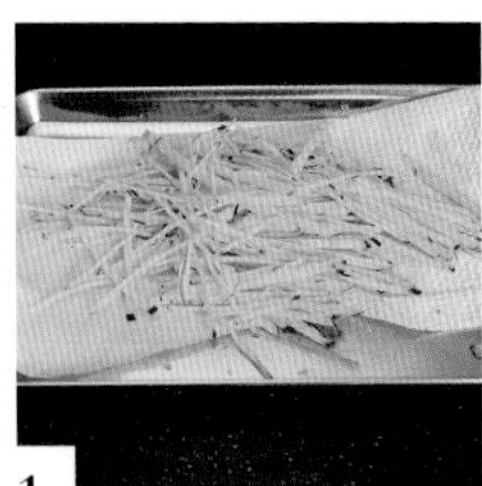
1

さつまいもは皮ごとスライサーで極薄切りにし、水に5分さらす。水気をふき、5cmほどの長さのせん切りにする。

2

170℃の揚げ油に**1**を入れ、軽く色づくまで揚げる。

3

小さなガラスのカップにさつまいものフライを入れ、クネル型にとったさつまいものアイスクリームを入れる。**2**の皿に添える。

〚 組み立て・盛り付け 〛

材料 仕上げ用

りんご（皮ごとごく細いくし形切りにしたもの）……1人分につき3枚
銀箔……適量

1

盛り付け用の皿の中央にりんごピューレを20gほど丸く敷く。その真上ではなく若干ずらした位置に、さつまいもとりんごの真薯を置く。

2

レモンのソースを40gほどかけ、真薯の上にさつまいものフライと、仕上げ用のりんごを見栄えよく盛る。銀箔を飾る。

#2
花・香草・薬味

Fleurs, Herbes, Épices

桜といちごのパルフェ
Parfait au *Sakura* et fraises

タピオカ粉を用いたチュイールは、桜の花そのままの美しい色に
仕上がると知り、一度作ってみたかった。鉄板の相性のいちごを合わせ、
葉を使ったパルフェはきれいなグリーンが生きる位置に配置。
花と葉を両方使って、桜そのものを楽しめるようにした。

使用する和素材について

桜

Sakura
Cerisier à fleur

DATA	
分類	バラ科スモモ属サクラ亜属
主な産地	【花】神奈川県小田原市、秦野市 【葉】静岡県松崎町

桜の葉の塩漬け

大島桜を樽で塩漬けにしたもの。桜餅や魚の桜蒸しに使われる。鮮やかな緑色に仕上げたい時は浅漬け（右）を使う。

桜の葉のパルフェ

◉使用例

シロップなどの水分と合わせミルでペースト状にしてから、生地に加える。プラムを桜の葉で巻いてベニエにしても。

桜の花の塩漬け

八重桜を塩と梅酢で漬けたもの。お祝いの席で桜湯にして飲まれたり、桜餅やあんぱん、おにぎりのトッピングに使われる。

◉使用例

焼き菓子やコンフィチュールに混ぜたり、トッピングなどに使われる。

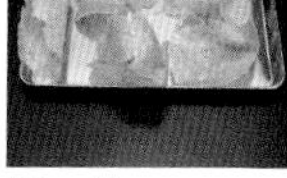
桜の花の
チュイール

桜の花の
コンフィチュール

◉ 塩抜きの方法

【葉】

1
塩漬けになっている葉を水で洗う。

1

2
葉を縦半分にちぎり、中心の太い葉脈を外す。

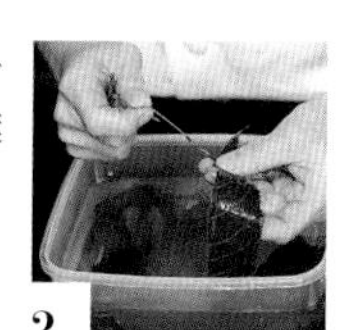
2

3
ボウルに水と葉を入れ、1時間ほど浸けて塩抜きする。味をみて好みの塩加減になるまで、水を取り替えてさらに浸す。

3

【花】

1
目の細かいざるに桜の花を入れ、水につけて洗う。塩のざらつきがなくなるまで、水を数回取り替えながら洗う。

1

2
ガクの根元を持ち、花びらを上にスッと持ち上げるようにしてガクから外す（ガクを外すと食感や味が洗練される）。

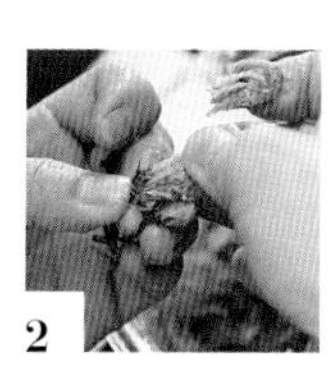
2

3
1時間ほど水に浸し、塩抜きする。味をみて好みの塩加減になるまで、水を取り替えてさらに浸す。

3

◉ デザートに使う時のポイント

甘味を引き立てる塩加減に

塩抜きをする時間が長いほど、塩味が薄くなる。デザートの甘みを引き立てるよう、適度な塩加減にする。

花はいちごや柑橘類と相性◎

桜の花は、定番のいちごやダークチェリーのほか、柑橘類、乳製品やココナッツミルクなども合う。

葉はハーブの一種と考える

桜の葉はハーブの一種と考える。料理でのバジルや、バジルをペースト状にしたジェノベーゼの使い方が参考になる。

composant 1

桜の葉のパルフェ

Parfait aux feuilles de *Sakura*

材料 直径6.5×高さ1.5cmのタルトリング10個分

クレーム・アングレーズ

A | 卵黄 ……72g
　| グラニュー糖 ……42g

牛乳 ……200g

桜の葉（浅漬け・塩抜きして葉脈を除いたもの〈P51参照〉）……24g

キルシュ ……10g

生クリーム（乳脂肪分35%）……250g

作り方

1 クレーム・アングレーズを作る。ボウルに**A**を入れてすり混ぜ、鍋で温めた牛乳を加えて混ぜる。それを鍋に戻し、全体を混ぜながら83℃まで温める。

2 ボウルに**1**を漉しながら入れ、底を氷水に当てて混ぜながら、常温まで冷やす。

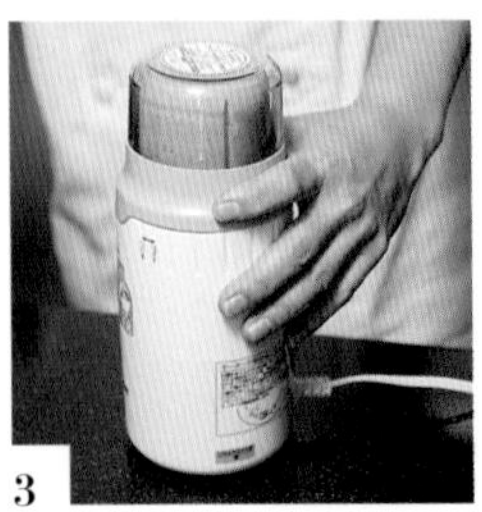

3 ミルの中に、刻んだ桜の葉、クレーム・アングレーズの一部を入れ、葉が細かくなるまでよく攪拌する。

4 **3**をボウルに移し、残りのクレーム・アングレーズ、キルシュを合わせ、再度、底を氷水に当て、混ぜながらよく冷やす。

5 生クリームを八分立てにし、**4**に加えて混ぜ合わせる。

6 タルトリングをトレーに並べ、**5**を絞り袋に入れて絞り入れる。OPPフィルムをかぶせて表面を平らにし、冷凍庫で冷やし固める。

composant 2

ココナッツサブレ

Sablés à la noix de coco

材料 直径8cmの円形8個分

バター ……90g

A | 焼いた**シュクレ生地**〈P53参照〉……112g
　| ココナッツファイン ……38g
　| グラニュー糖 ……23g
　| 塩 ……2g

作り方

1 バターは常温にもどしておく。

2 ミキサーにAを入れ、シュクレ生地が細かくなるまで攪拌する。1を加えてさらに攪拌し、ペースト状にする。

3 2をベーキングシート2枚に挟み、麺棒で3mmほどの厚さにのばす。直径8cmのセルクルで丸く抜く。

4 ベーキングシートを敷いた天板にのせ、160℃に予熱したオーブンで15分ほど焼く。

シュクレ生地
Pâte sucrée

材料 作りやすい分量

バター 60g
粉糖 38g
塩 0.5g
全卵 23g
A | アーモンドパウダー 12g
  | 薄力粉 100g

作り方

1 バターは常温にもどす。Aは合わせてふるっておく。

2 ボウルにバターを入れてクリーム状に練り、粉糖からAまで順に加え、そのつどカードで混ぜ合わせ、ひとまとめにする。

3 麺棒で2mmほどの厚さにのばし、ベーキングシートを敷いた天板にのせる。160℃に予熱したオーブンで20～25分焼く。

composant 3

いちごのマルムラード
Marmelade de fraises

材料 10人分

いちご 200g
レモン汁 20g
A | グラニュー糖 20g
  | ペクチンNH 4g

作り方

1 いちごはへたを除き、四つ割りにする。Aは混ぜ合わせておく。

2 鍋にいちご、レモン汁を入れ、時々混ぜながらいちごがやわらかく崩れるまで煮る。

3 ハンドブレンダーにかけながらAを加え、ツヤが出るまで煮る。

composant 4

桜の花のチュイール
Tuiles aux fleurs de *Sakura*

材料 15～16人分

A | ココナッツピューレ 60g
  | 水 16g
  | キルシュ 4g
  | 色粉（赤） ......ごく少量
B | タピオカ粉* 4g
  | 水 24g
桜の花（塩抜きしてガクを除いたもの〈P51参照〉）
......正味14g

* タピオカ粉…タピオカの原料であるキャッサバイモのでんぷんの粉末。片栗粉やコーンスターチと似ており、コシが強いのが特徴

作り方

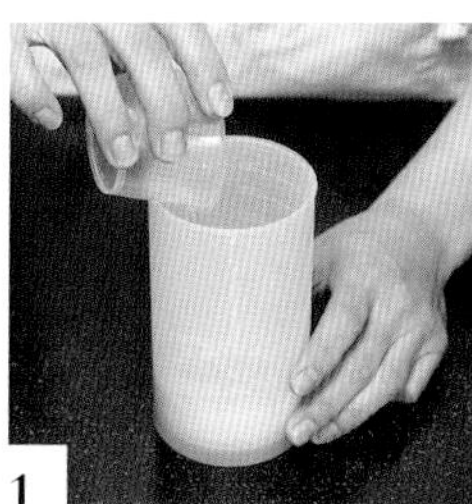
1

Aはハンドブレンダーの容器に入れておく。

2

耐熱容器にBを入れてよく混ぜる。600Wの電子レンジで10〜15秒加熱し、取り出してゴムべらで混ぜる。これを何度か繰り返し、生地に弾力が出てくるまで行う。

3

2を1に入れ、ハンドブレンダーで攪拌する。最後に桜の花を加え、花の粒が少し残る程度に攪拌する。

4

ベーキングシートを敷いた天板に、スプーンで5cm大に丸く落とし、それをパレットナイフでなるべく薄く、約10cm大になるように丸く広げる。80℃に予熱したオーブンで3時間ほど乾燥焼きにする。

5

熱いうちにくしゃっと大まかにまとめ、そのまま冷ます。

composant 5

桜の花のコンフィチュール

Confiture de fleurs de *Sakura*

材料　作りやすい分量

A
- 水 100g
- グラニュー糖 125g
- レモン汁 25g

B
- グラニュー糖 10g
- ペクチンNH 1.5g

桜のリキュール 18g

桜の花（塩抜きしてガクを除いたもの〈P51参照〉）......85g

作り方

1 Bは混ぜ合わせておく。

2 鍋にAを入れて沸騰させる。Bを加えながら混ぜ、好みのとろみがつくまで煮る*。

3 粗熱をとり、桜のリキュール、桜の花を加える。さらに冷やす。

* 冷えた状態でのとろみ具合をみたい場合は、氷水の上にトレーを置き、その上にコンフィチュールを少量たらして急冷する

〚 組み立て・盛り付け 〛

材料 仕上げ用

いちご ……1人分につき約3個

桜の花（塩抜きしたもの）……少量

1

いちごはへたの硬い部分を除き、2個半は四つ割りに、残りは半割りにする。桜の花はガクをつけたままペーパーにはさみ、手で押して平たくする。

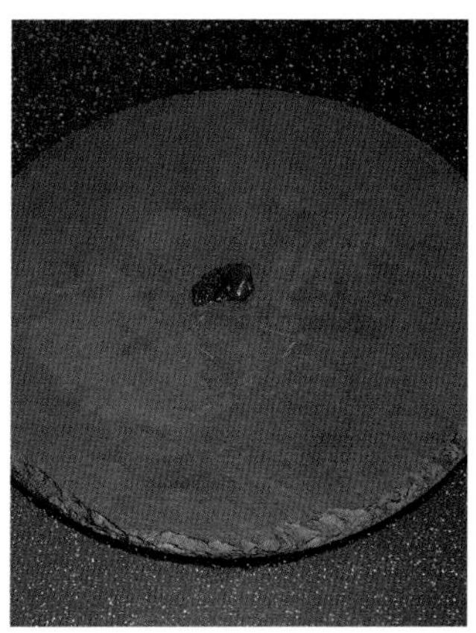

2

絞り袋にいちごのマルムラードを入れ、盛り付け用の皿の中央に少量絞る。

3

桜の葉のパルフェは、直径2cmのセルクルで中央を抜き、周りのタルトリングを手で温めて外す。

4

ココナッツサブレの上に3をのせ、パルフェ中央のあいたところにいちごのマルムラードを絞り入れる。

5

パルフェのふちに四つ割りにしたいちごを並べ、真ん中に半割りにしたいちごをのせる。

6

5を**2**の上に置き、上にチュイールをのせて**1**の桜の花を飾る。

7

片口の小さなグラスに桜の花のコンフィチュールを入れ、**6**に添える。

菊のフリット、
ブラッドオレンジのソルベ

Frites de *Kiku*,
sorbet à l'orange sanguine

和食ではおひたしや白和えなどに使われる食用菊。
その華やかな香りや酸味、ほろ苦さを生かしてデザートに。
かき揚げのようなフリットをメインに、
クリーム、ソースにも展開し、仕上げに花びらを散らした。
ブラッドオレンジは味も色味も、黄色の菊と最高の相性だ。

使用する和素材について

菊

Kiku
Chrysanthème comestible

DATA

分類	キク科イエギク属
主な産地	山形県、青森県、新潟県
収穫時期	10〜11月(刺身のつまに使われる黄菊は通年)

食用菊

香りも苦味も強い観賞用の菊を、食べやすく品種改良したもの。黄色の「阿房宮(あぼうきゅう)」、赤紫色の「延命楽(えんめいらく)」(「もってのほか」「かきのもと」とも呼ばれる)などがある。

ガクを外し花びらをばらす

苦味があるガクは外し、花びらをばらして使う。花びらをつまんで引っ張れば、簡単にとれる。

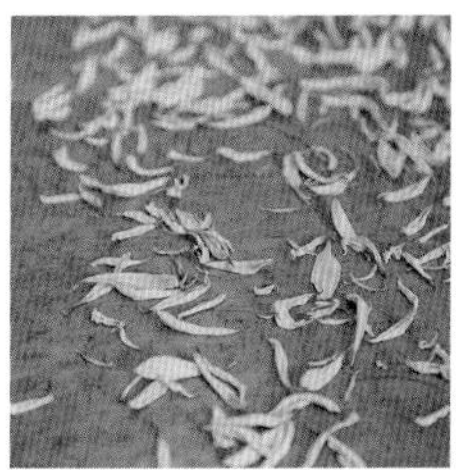

干し菊

東北地方で作られている保存食。水でもどして使う。ばらした菊の花を50℃のオーブンで2〜3時間焼けば自作もできる。

● デザートに使う時のポイント

香りをアクセントにする

食用菊は花。バラと同じように華やかな香りがあるので、その魅力を殺さないようなデザートの構成を考える。

美しい見た目をアピール

エディブルフラワーのように「見せる花」としての活用も。ゼリーの中に入れてもきれい。色の相性も考慮してデザートを構成する。

味の相乗効果を利用する

食用菊の酸味と苦味を生かす。例えば、同じような苦味と酸味のあるもの(ここではブラッドオレンジ)を合わせる、塩を足して酸味とのバランスをとるなど。

● 使用例

生のまま飾る

花びらをパラパラと散らせば、華やかな見た目に仕上がる。もちろんそのまま食べられる。

菊の飾り

生のままあえる

刻んだ菊の花びらをクリームに混ぜると風味に奥行きが出る。また、好みのくだもの、オリーブオイル、塩、こしょう、フルーツビネガーと一緒にあえてフルーツサラダに。

菊とブラッドオレンジのチーズクリーム〈P58〉

生のままソースに

菊の花とシロップなどを入れ、ミルで攪拌すれば菊のソースに。味わい華やか。

菊のソース〈P60〉

揚げる

かき揚げのように菊の花を衣にからめて揚げてもおいしい。サクサクとした歯ざわりがクセになる。

菊のフリット〈P58〉

composant 1

菊のフリット

Frites de *Kiku*

材料 6〜7人分（直径6.5cmのセルクル12〜14枚分）

食用菊 大4個
薄力粉 ......適量
A 全卵 20g
グラニュー糖 2g
塩 1g
水 60g
B 薄力粉 30g
片栗粉 10g
揚げ油（サラダ油）......適量

作り方

1

ボウルに**A**を入れて泡立て器で溶きほぐす。合わせてふるった**B**を加え、菜箸でさっと混ぜ合わせる。

2

食用菊は花びらをガクから外して別のボウルに入れ、薄力粉を薄くまぶす。**1**を少しずつ加え、ごく薄く衣をまとわせる。

3

揚げ鍋の中にセルクルを入れ、サラダ油をセルクルの高さの1cmほど下まで注ぐ。150〜160℃に熱して**2**を入れ、花びらがセルクルから出ないように菜箸で形を整えながら揚げる。

4

セルクルを外し、裏返してサクッと揚げ、よく油をきる。

composant 2

菊とブラッドオレンジのチーズクリーム

Crème au fromage *Kiku* / orange sanguine

材料 作りやすい分量

食用菊 15g
クリームチーズ 100g
生クリーム（乳脂肪分35%）......200g
ブラッドオレンジのマルムラード〈P59参照〉......80g

作り方

1

大きめのボウルにクリームチーズを入れ、常温でやわらかくする。食用菊は花びらをガクから外し、粗めに刻む。

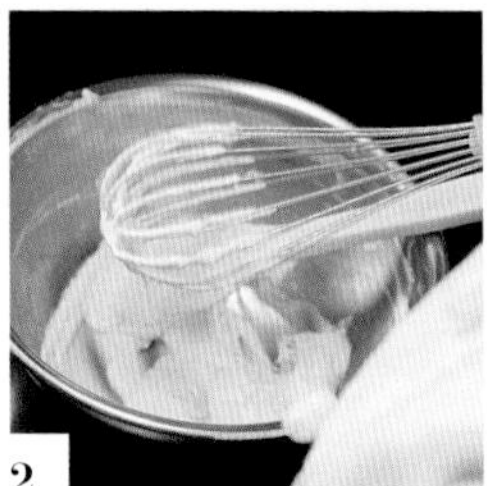

2

別のボウルで生クリームを七分立てにし、クリームチーズのボウルに入れ、泡立て器で混ぜて好みのかたさにする。

3

2にブラッドオレンジのマルムラードを加えて混ぜ、菊を加えてさっと混ぜる。

ブラッドオレンジのマルムラード
Marmelade d'oranges sanguines

材料 15人分

A
- ブラッドオレンジ 正味75g
- ブラッドオレンジのカルチエ 250g
- グラニュー糖 38g
- レモン汁 38g

B
- グラニュー糖 10g
- ペクチンNH 3g

作り方

1 **A**のブラッドオレンジは丸ごと湯通しし、5mmの角切りにする。

2 鍋に**1**、他の**A**の材料を入れ、水分がほぼなくなるまで煮る。

3 **B**はよく混ぜ合わせて**2**に加える。沸騰させ、そのまま冷ます。

composant 3

ブラッドオレンジのソルベ
Sorbet à l'orange sanguine

材料 6人分

A
- 水 100g
- すりおろしたブラッドオレンジの表皮 5g
- 水あめ 39g

B
- グラニュー糖 25g
- 安定剤 2g

ブラッドオレンジの果汁 210g
レモン汁 10g

作り方

1 **B**は混ぜ合わせておく。

2 鍋に**A**を入れて温め、**B**を加えて沸騰させる。

3 ボウルに移し、底を氷水に当てて混ぜながら冷やす。

4 ブラッドオレンジの果汁、レモン汁を加え、ハンドブレンダーで混ぜる。アイスクリームマシンにかける。

composant 4

菊のソース

Sauce au *Kiku*

材料 作りやすい分量

食用菊 ……36g

シロップ（グラニュー糖と水を1:1の割合で沸騰させて冷ましたもの）……70g

塩 ……0.2g

レモン汁 ……10g

ブラッドオレンジの果汁 ……10g

作り方

1 食用菊は花びらをガクから外してミルに入れ、その他のすべての材料を加え、攪拌する。

2 万能漉し器に入れ、ゴムべらで押し出しながら漉す。

[組み立て・盛り付け]

材料 仕上げ用

食用菊 ……適量

ブラッドオレンジのカルチエ ……適量

1 ブラッドオレンジのカルチエは半分に切る。

2 絞り袋に10mmの丸口金をつけ、菊とブラッドオレンジのチーズクリームを入れる。盛り付け用の皿の左上に小さく絞り、菊のフリットの滑り止めにする。

3 2の上に菊のフリットを置く。その上に、菊とブラッドオレンジのチーズクリームを真ん中をあけて丸く絞る。

4

3のチーズクリームの真ん中に、1のブラッドオレンジを3個ほど入れる。

5

4の上に、菊のフリットをもう1枚重ねる。ガクから外した菊の花びらを散らす。

6

皿の右下にブラッドオレンジのマルムラードを小さく盛り、あいたところに2〜3箇所、菊のソースをスプーンで円形に落とす。

7

マルムラードの上にクネル型にとったブラッドオレンジのソルベをのせる。

よもぎプリンと
黒糖のアイスクリーム
Crème au *Yomogi*,
glace au sucre de canne brun

よもぎ独特の香りや苦味が引き立つものを、と考え、
よもぎに負けないクセのある黒糖と合わせた。
クリームが双方の間を取り持ち、良いバランスに。
プリンといってもかなり和寄りで、食感はどちらかというと餅のよう。
デザインは日本庭園の枯山水に見立てたものだ。

使用する和素材について

よもぎ

Yomogi
Armoise japonaise

DATA

分類	キク科ヨモギ属
主な産地	全国各地の野原や河川の土手などで自生
旬	3〜5月

よもぎ

草餅や草だんごの材料として知られるが、独特の香りがあり、昔から腹痛や止血などの薬としても利用されてきた。主に若芽や若葉を使い、ゆでる、揚げるなどして火を入れるとえぐみが飛ぶ。全国各地に自生している。

◉使用例

ゆでたものを刻み、シロップとともに攪拌してペーストに。生地に練り込んだり、漉せばソースとしても使える。

◉ デザートに使う時のポイント

ハーブとして考える

よもぎはハーブの一種として考える。苦みや青臭さといった独特の風味を、フレーバーとしてうまく生かす。

独特の風味に負けないものを

よもぎの香りと苦味はかなり独特なので、合わせるものも、黒糖のようによもぎに負けないくらいのクセがあるものが良い。

えぐみと豊富な食物繊維に注意

生のよもぎはえぐみが多いので、必ず一度ゆでてから使うこと。また、ゆでた後に一度、「細かく刻んでから」シロップとともにミルやフードプロセッサーにかける。そうしないと食物繊維が多く、うまく回らず攪拌できない。

よもぎパウダー

よもぎを使いやすい粉末状にしたもの。粉類や液体にそのまま混ぜたり、和菓子では湯でもどしてから餅などに練り込んで使う。

◉使用例

プリンやサブレなどの生地に加えてよもぎのフレーバーをつける。抹茶と同じような感覚で使うとよい。

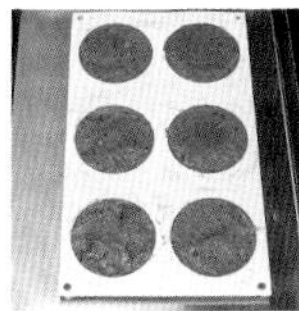

よもぎプリン

よもぎサブレ

composant 1

よもぎプリン

Crème au *Yomogi*

材料 直径7×高さ1cmの円形シリコン型8個分

牛乳 ……400g

よもぎパウダー〈P63参照〉……6g

A | グラニュー糖 ……60g
| イナゲル 露草* ……50g

B | 卵黄 ……30g
| 生クリーム（脂肪分35%）……40g

＊ （株）伊那食品が販売している、葛粉や寒天などをブレンドした即席水まんじゅうの素

作り方

1

A、**B**はそれぞれよく混ぜ合わせておく。シリコン型は、オーブンの天板や大きめのバットに乗せておく。

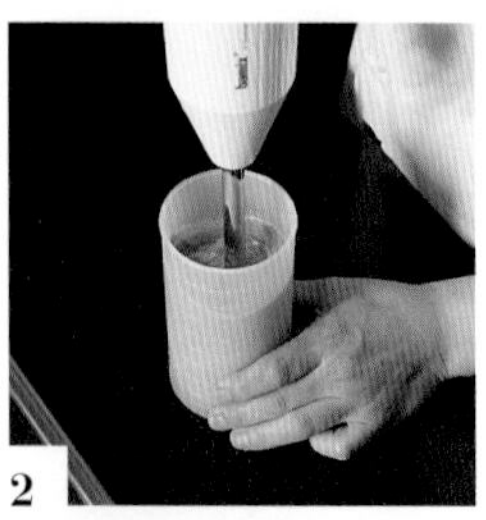

2

牛乳とよもぎパウダーを合わせ、ハンドブレンダーでざっと混ぜ合わせる。

3

2を鍋に移し入れて人肌に温め、**A**を加えてよく混ぜる。一度沸騰させてから弱火にし、そのまま焦がさないようにゴムべらで1〜2分練る。

4

もっちりしてきたら火を止め、熱いうちに**B**を加えてよく混ぜる。すぐに型に流し入れ、5cmほどの高さから10回ほど落として中の空気を抜く。

5

パレットナイフで表面を平らにならし、余分な生地を除く。冷蔵庫で冷やし固める。

composant 2

黒糖のアイスクリーム

Crème glacée au sucre de canne brun

材料 20人分

A | 牛乳 ……300g
| 生クリーム（乳脂肪分35%）……200g
| バター ……75g

卵黄 ……150g

黒糖（粉末・P124参照）……125g

クレームエペス ……80g

作り方

1

鍋に**A**を入れて混ぜ、沸騰直前まで温める。

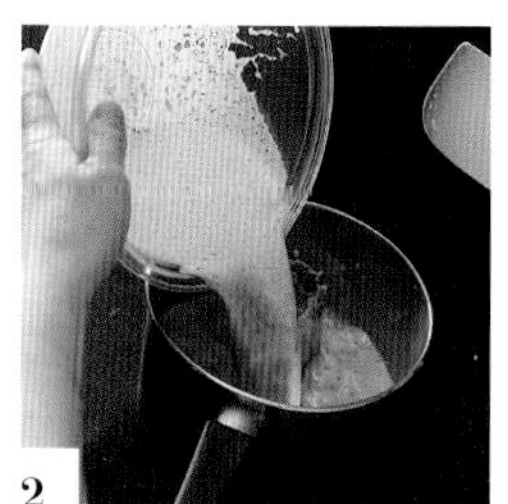

2 ボウルに卵黄、黒糖を入れてすり混ぜ、1を加えて混ぜる。それを鍋に戻し、全体を混ぜながら83℃まで温める。

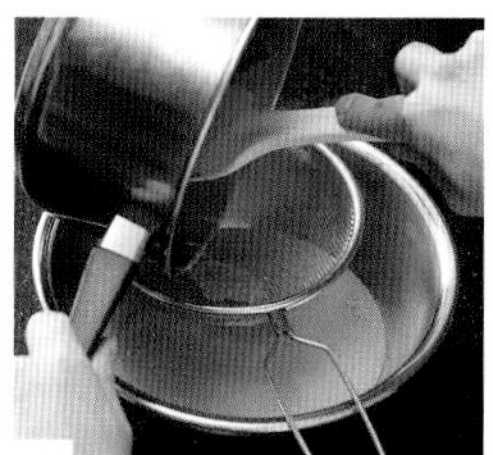

3 2をボウルに漉しながら入れ、底を氷水に当てて混ぜながら冷やす。

4 クレームエペスを加えてハンドブレンダーで混ぜる。アイスクリームマシンにかける。

composant 3

クレーム・シャンティイ
Crème Chantilly

材料 10人分

生クリーム(脂肪分35%) 200g

グラニュー糖 12g

作り方

1 ボウルに生クリームとグラニュー糖を合わせ、八分立てにする。

composant 4

よもぎソース
Sauce de *Yomogi*

材料 8人分

よもぎ 40g

シロップ(グラニュー糖と水を1:1の割合で沸騰させて冷ましたもの) 65g

塩 0.5g

作り方

1 よもぎは洗い、さっとゆでて水にとる。葉を摘んで茎を除き、キッチンペーパーにのせて水気をきる。

2 ミルかフードプロセッサーに、1、シロップ、塩を入れて攪拌する。

3 万能漉し器に入れ、よもぎをゴムべらで押しながらしっかりとソースを抽出する。

〚 組み立て・盛り付け 〛

材料 仕上げ用

黒糖（粉末）……125g
よもぎの葉 ……適量

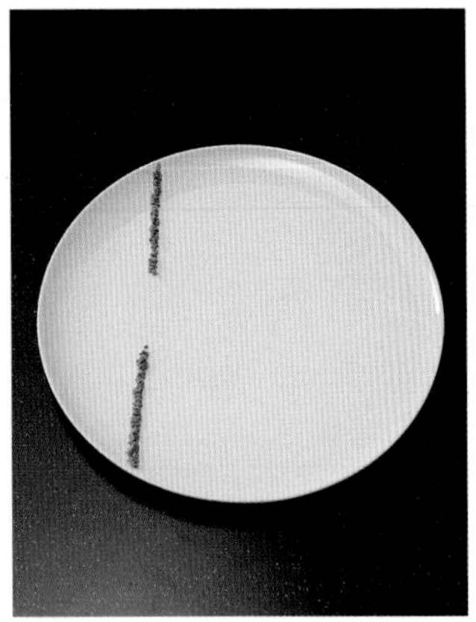

1
盛り付け用の皿に黒糖でラインを描く。よもぎプリンを配置することを想定して、途中に一部アキを作る。

2
よもぎプリンを型から出し、**1**のアキの部分に配置する。

3
バランスをみて、皿のあいたところによもぎソースを3カ所に丸く置く。

4
絞り袋に10mmの丸口金をつけてクレーム・シャンティイを入れておく。よもぎプリンの上に小さめのクネル型にとった黒糖のアイスクリームをのせ、クレーム・シャンティイを3カ所に絞る。

5
よもぎの葉を飾る。

赤紫蘇のマカロン、桃のポシェ

Macarons au *Shiso* rouge, pêches pochées

赤紫蘇は煮出してジュースを作っておくと、いろいろなものに活用できて便利だ。
まず思いついたのが、その鮮やかなピンク色を生かしたジュレ。
さらにポシェやソルベにも展開し、塩味の赤紫蘇クリームや、相性のよい桃や
ロゼシャンパンを合わせてピンク一色のデザートに仕上げた。

使用する和素材について

DATA

分類	シソ科シソ属
収穫時期	6月〜7月中旬
選び方	葉先が細かく縮れ、葉の色が全体に濃いもの

赤紫蘇

Shiso rouge
Pérille rouge

赤紫蘇

よく知られるのは緑の青紫蘇だが、しそといえば赤紫蘇のこと(青紫蘇は赤紫蘇の変種)。梅干しの色付け用に初夏〜夏に出回る。生はアクが強いので、塩もみしてアク抜きしたり、ジュースにしたり、衣をつけて揚げるとおいしく食べられる。

◉ 使用例

ジュースをとって ジュレやポシェに

赤紫蘇に含まれるアントシアニンと酸性のレモン汁などが反応して、ピンク色のジュースができる。ジュレやポシェなどに。

赤紫蘇のジュレ

赤紫蘇のジュース

桃と赤紫蘇 ジュースのポシェ

塩もみして クリームに混ぜる

本来、梅干しを漬ける際に使う赤紫蘇の塩もみを、細かく刻んでクリームや焼き菓子に混ぜる。塩気が強いので量を加減する。

赤紫蘇の バタークリーム

赤紫蘇の塩もみ

葉を乾燥焼きに してチップスに

赤紫蘇を天板に広げ、70℃のオーブンで3時間ほど焼くと、薄いチップスになる。仕上げに飾っても。

◉ デザートに使う時のポイント

バラ科のフルーツと合わせてみる

赤紫蘇はハーブの一種。相性が良いのは桃やすもも、いちごといったバラ科のフルーツや、ぶどうなど。初夏〜夏にかけて出盛りを迎える多彩なバラ科のフルーツで試してみるとよい。

ピンク色を生かした構成に

赤紫蘇から煮出したジュースは何といっても鮮やかなピンクが特徴。この色を生かしたデザートの構成を考えるとよい。

下準備

赤紫蘇の
ジュースを作る
Jus de *Shiso* rouge

材料 作りやすい分量

赤紫蘇の葉 50g

A | 水 500g
| レモン汁 20g
| グラニュー糖 50g
| アスコルビン酸 1g

作り方

1

赤紫蘇は数回水洗いして汚れを取り、水気をきる。

2

鍋に **A** を沸騰させて赤紫蘇を入れ、煮汁がピンク色になるまで2〜3分煮る。

3

万能漉し器で漉し、ゴムべらで押しながら赤紫蘇のエキスをしっかりと抽出する。

composant 1

赤紫蘇のジュレ
Gelée de *Shiso* rouge

材料 3人分

赤紫蘇のジュース〈左記参照〉......250g

A | グラニュー糖 15g
| アガー 3g

作り方

1

鍋に赤紫蘇のジュースを入れて60℃ほどまで温める。混ぜ合わせた **A** を加え、ゴムべらで混ぜながら沸騰させる。

2

ボウルに移し、粗熱がとれたら、冷蔵庫で冷やし固める。

composant 2

赤紫蘇風味の桃のポシェ

Pêches pochées au *Shiso* rouge

材料 12人分

桃 3個

赤紫蘇のジュース〈P69参照〉 250g

作り方

1 桃は皮に十字に切り目を入れる。沸騰した湯に入れてさっとゆで、皮がむけてきたら氷水にとって皮をむく。

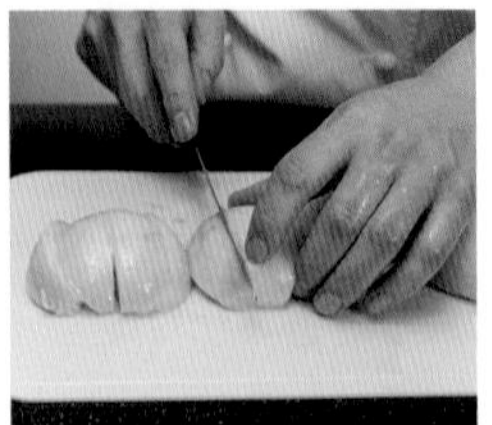

2 1にぐるりと一周ナイフを入れて半割りにし、種を除いて八つ割りにする。

3 ボウルに2を入れ、90℃ほどに温めた赤紫蘇ジュースを注ぐ。表面にラップをぴったりと貼り付け、ときどき裏返しながらそのまま1時間ほどおく。冷蔵庫で冷やす*。

* 残ったポシェの漬け汁は、煮詰めてソースにしたり、ジュレにアレンジしても

composant 3

赤紫蘇とロゼシャンパンのソルベ

Sorbet au *Shiso* rouge / champagne rosé

材料 6人分

A
- 水 100g
- 水あめ 15g

B
- グラニュー糖 30g
- 安定剤 2g

レモン汁 12g

赤紫蘇のジュース〈P69参照〉 30g

ロゼシャンパン 200g

作り方

1 鍋にAを入れて温め、混ぜ合わせたBを加えて沸騰させる。

2 1をボウルに移し、底を氷水に当てて混ぜながら冷やす。レモン汁、赤紫蘇のジュースの順に加えて混ぜる。

3 最後にロゼシャンパンをボウルのふちに沿わせながら入れ、静かに混ぜ合わせる。アイスクリームマシンにかける。

composant 4

赤紫蘇のマカロン
Macarons au *Shiso* rouge

1. マカロン生地
Pâte à macarons

材料 30〜35個分

A | アーモンドパウダー 125g
  | 粉糖 125g

卵白 45g

B | 卵白 50g

シロップ

| グラニュー糖 125g
| 水 30g

色粉(赤) ......少量

作り方

1 Aは前日に合わせてふるっておく。

2 ボウルに1を入れ、卵白を加えてカードでよく練り、ペースト状にする。

3 イタリアンメレンゲを作る。ミキサーのボウルにBの卵白を入れて泡立て、しっかりとした固さのメレンゲを作る。小鍋にシロップの材料を入れて118℃まで熱し、メレンゲを泡立てながら少しずつ加える。そのまま混ぜ続け、粗熱がとれたら少し速度を落とし、色粉を加えて混ぜる。

4 2の中に、始めは少しずつ3のイタリアンメレンゲを加えてそのつどなじませ、全量を合わせる。

5 カードの面で生地をこすりつけて泡をつぶす(マカロナージュ)。生地がやわらかくなり、持ち上げるとゆっくり落ちる状態が仕上がりの目安。

6 絞り袋に10mmの丸口金をつけて5を入れ、ベーキングシートを敷いた天板に、直径3cmのドーム形になるように生地を絞り出す。

7 天板の底を軽く叩いて絞り終わりの角をなくし、そのまま30分ほどおいて、指で触っても何もつかなくなるまで表面を乾燥させる。

8 140℃に予熱したオーブンで8分ほど焼く。途中で一度、天板の奥と手前を入れ替える。焼きあがったら取り出し、天板に置いたまま冷ます。

2. 赤紫蘇のバタークリーム
Crème au beurre *Shiso* rouge

材料 3人分

赤紫蘇の塩もみ

| 赤紫蘇の葉 70g
| 塩 20g

バタークリーム

| 全卵 45g
| 水 30g
| グラニュー糖 90g
| バター(常温) 135g

作り方

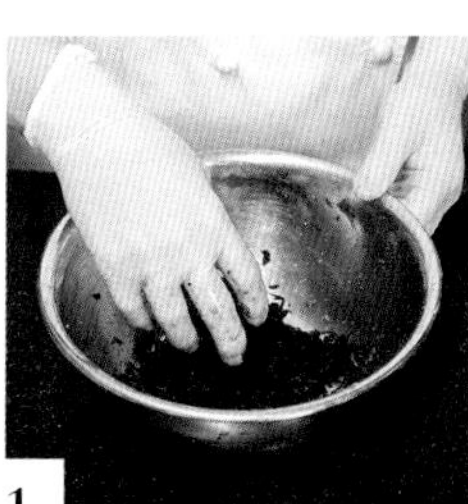
1

赤紫蘇の塩もみを作る。赤紫蘇の葉は水洗いして水気をきる。手に色素が付着しないようゴム手袋をし、ボウルに赤紫蘇、塩の半量を入れてもみ、出てきたアク汁をきつく絞る。残りの塩を加えて再びもみ、出てきたアク汁をきつく絞る。

2

バタークリームを作る。ボウルに全卵と水を入れて泡立て器で混ぜ、グラニュー糖を加える。湯せんにかけながら泡立て器で混ぜ、75℃まで温める。

3

湯せんから下ろし、ハンドミキサーにかけながら30℃くらいまで冷ます。バター（常温）を3～4回に分けて加え、ハンドミキサーで混ぜる。

4

赤紫蘇の塩もみを細かく刻み、味のバランスをみながら10gを目安にバタークリームに加えて混ぜる。

3. 仕上げ Finition

作り方

1

丸口金をつけた絞り袋に赤紫蘇のバタークリームを入れ、マカロン生地に絞り、もう1枚ではさむ。冷蔵庫で30分ほど冷やす。

［ 組み立て・盛り付け ］

材料　仕上げ用

赤紫蘇の葉 ......適量

1

桃のポシェはキッチンペーパーにのせて汁気をきっておく。盛り付け用の皿の右寄りに、少量のマカロン生地を崩して小さく盛り、滑り止めにする。

2

高さ12cmのカクテルグラスに、フォークでざっと崩した赤紫蘇のジュレを半分の高さまで入れる。桃のポシェを2切れのせ、小さくちぎった赤紫蘇の葉を飾る。皿の左上にのせる。

3

皿の手前側に赤紫蘇のマカロンを立てる。滑り止めのマカロン生地の上に、クネル型にとった赤紫蘇とロゼシャンパンのソルベをのせる。

山椒とマンゴーの一皿、ヨーグルトのソルベ

Assiette de *Sansho* et mangue, sorbet au yaourt

実、粉、木の芽と3段階で楽しめる山椒。
なかでも、フレッシュの実山椒の鮮烈な風味が魅力的で、
デザート作りへの意欲が湧いた。実山椒の爽やかな柑橘の香りを
いかに生かすか、刺激的な辛味をどう調節するかポイントになる。

使用する和素材について

山椒

Sansho
Poivre japonais

DATA

分類	ミカン科サンショウ属
主な産地	和歌山県
旬	木の芽は4〜5月、実山椒は初夏、粉山椒は秋

実山椒

初夏のほんの短期間しか出回らない、貴重な生の山椒の実。日本生まれのスパイスで、柑橘類のフレッシュな味わいと、刺激的な辛味をあわせ持つ。

下処理

【下処理】下ゆでしてから使う

実山椒は下ゆでしてから使う。小枝を外して2〜3分ゆで、冷水にさらす。保存する時は水気をきり、密閉袋に入れて冷凍庫へ。

実山椒のコンフィ

◉使用例

コンフィにしたり、フルーツと一緒に煮てマルムラードにスパイシーな風味をつけたり、生クリームなどの液体にエキスを煮出してボンボンショコラのガナッシュにも。

実山椒とマンゴーのマルムラード

粉山椒

熟した実山椒を挽いた黒い粉山椒もあるが、デザート作りには未熟な青い実を乾燥させたものがおすすめ。柑橘の爽やかな香りが際立つ。

◉使用例

柑橘の香りを生かし、すりおろしたレモンの皮と同じような感覚で、シガレットやマドレーヌなど、生地ものの香りづけに加えるとよい。

粉山椒のシガレット

◉ デザートに使う時のポイント

実山椒の魅力を生かす

青い柑橘の香りと辛味は、フレッシュの実山椒ならではの魅力。この魅力を最大に生かすデザートの構成を考える。同じ柑橘系フルーツとの相性は抜群。

辛味のバランスをとる

実山椒は辛味が強いので、レモン果汁や酢などの酸味を加えて中和させる。それでも仕上がりが辛すぎる時は、盛り付けの際に実を少し取り除き、辛味のバランスをとる。

木の芽

山椒の若芽や若葉。柑橘系の香りと、ほのかに辛味もある。4〜5月ごろに出回る。和食では添え物や、刻んで木の芽みそなどに使う。

◉使用例

ハーブとして考える。柑橘系のフルーツやクリームチーズとともにあえたり、それを春巻きの皮で巻いて揚げても。

composant 1

実山椒とマンゴーのマルムラード
Marmelade de baies de *Sansho* / mangue

材料　8人分

マンゴー 正味320g

A 実山椒（下ゆでしたもの〈P74参照〉）......10g
りんご酢 20g
バニラビーンズペースト 1g

B グラニュー糖 24g
ペクチンNH 4g

作り方

1

マンゴーは皮と種を除いて1cm角に切り、**A**とともに鍋に入れて火にかける。実山椒が指の腹でつぶせるようになるまで、時々混ぜながら煮る。

2

混ぜ合わせた**B**を加えて煮立たせ、とろみがつくまで2〜3分煮る。そのまま冷まし、好みで実山椒を取り除く。

composant 2

粉山椒のシガレット
Cigarettes au *Sansho*

材料　15人分

バター 50g
粉糖 50g
卵白 50g

A 薄力粉 50g
粉山椒 1g

作り方

1

Aは合わせてふるっておく。ボウルに常温にもどしたバター、粉糖を入れて泡立て器ですり混ぜる。卵白を少しずつ加えて混ぜ、最後に**A**を加える。

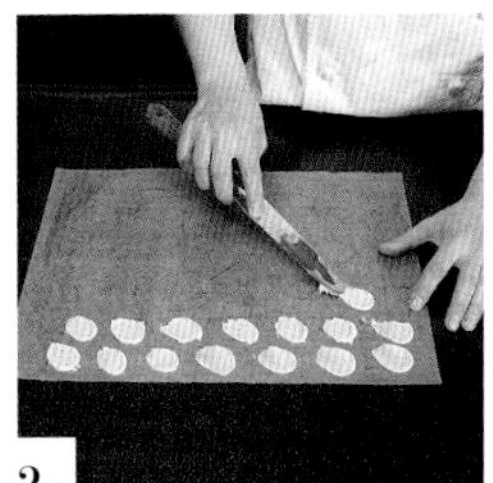

2

ベーキングシートの上に**1**を、パレットナイフで6cm大に薄くのばす。ベーキングシートを天板にのせ、160℃に予熱したオーブンで焼き色がつくまで10分ほど焼く。

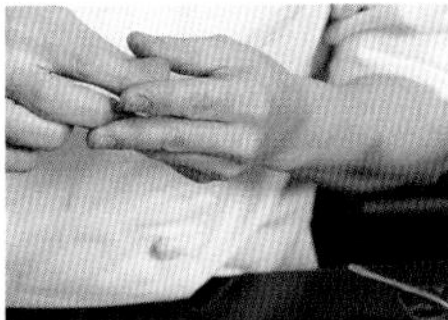

3

取り出し、熱いうちに手で曲げてカーブをつけ、そのまま冷ます。

composant 3

粉山椒とヨーグルトのソルベ

Sorbet *Sansho* / yaourt

材料 10人分

水 200g

はちみつ 40g

A | グラニュー糖 80g
　| 粉山椒 3g
　| 安定剤 2g

レモン汁 48g

プレーンヨーグルト 300g

作り方

1

A は混ぜ合わせておく。鍋に、水、はちみつを入れて温め、**A** を加えてよく混ぜ、沸騰させる。

2

ボウルに移し、底を氷水に当てて冷やす。レモン汁、ヨーグルトを加えてハンドブレンダーで混ぜ、アイスクリームマシンにかける。

composant 4

実山椒のコンフィ

Confit de baies de *Sansho*

材料 作りやすい分量

実山椒（下ゆでしたもの〈P74参照〉）......30g

A | 水 60g
　| 水あめ 10g
　| はちみつ 60g
　| グラニュー糖 20g
　| レモン汁 15g

作り方

1

鍋に **A** を入れて沸騰させ、シロップを作る。

2

1 に実山椒を入れ、シロップが半量になるまで極弱火で煮る。そのまま冷ます。

〚 組み立て・盛り付け 〛

材料 仕上げ用

マンゴー ……適量
木の芽 ……適量

1

盛り付け用の皿の左側に、実山椒とマンゴーのマルムラードをカーブを描くように敷く。その上に乱切りにしたマンゴーをのせる。

2

1の上にクネル型にとった粉山椒とヨーグルトのソルベをのせ、粉山椒のシガレットを3枚、バランスをみて配置する。

3

2箇所に小さな木の芽をあしらい、実山椒のコンフィを散らす。

しょうがのソルベ、いちごのソテー

Sorbet au *Shoga*, fraises sautées

スパイスや薬として世界中で利用されているしょうが。
デザートでもよく使われ、フランスでは特に柑橘類と
合わせることが多いが、実際にはどんなフルーツとも
相性が良い。今回はいちごと合わせ、
ソルベやコンフィなど、すべてのパーツに展開している。

使用する和素材について

しょうが

Shoga
Gingembre

DATA

分類	ショウガ科の多年草
主な産地	高知県、熊本県、千葉県
収穫期	ひねしょうがは9〜10月、 新しょうがは6〜8月と9〜10月
選び方	ひねしょうがはふっくらとして固く締まったもの、 新しょうがはみずみずしさを感じるもの

ひねしょうが(根しょうが)

一年中手に入るひねしょうがは、秋に収穫して一定期間貯蔵してから出荷されるもの。水分が抜け、繊維質が多く、辛味が強い。

しょうがのソルベ

◉使用例

薬味として少量を効果的に使う。ソルベやフルーツソテーの最後に加えてピリッとした辛味を効かせる。

ジンジャーパウダー

しょうがを乾燥させてパウダー状に加工したもの。

◉使用例

サブレやマドレーヌ、フィナンシェなどの焼き菓子に加える。

しょうがのサブレ

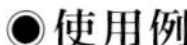

新しょうが

植え付けに使ったひねしょうがから、新しく生えたもの。あるいは、秋に収穫したしょうがを貯蔵せずにすぐ出荷したもの。

◉使用例

水分が多く辛味もマイルドなので、味付けしてそのまま食べられる。シロップで煮てコンフィにしたり、シロップをきって乾燥させればセミドライコンフィに。

新しょうがのコンフィ

新しょうがのセミドライコンフィ

◉ デザートに使う時のポイント

フルーツは何でもOK

相手を選ばず、どんなフルーツとも合う。パイナップルやマンゴーなど季節のフルーツで試してみて。チョコとも相性◎。

風味が飛ばないように早めに使う

辛味と香りが消えやすいので、切ったりすったりしたらすぐに使う。なお皮は、歯触りをよくするため必ずむいて使う。

おろししょうがは汁もすべて使う

すりおろしたしょうがは、果肉も汁も両方使って、しょうがの風味を存分に生かす。

composant 1

しょうがのソルベ

Sorbet au *Shoga*

材料 12〜14人分

A | 水 300g
水あめ 40g
はちみつ 18g

B | グラニュー糖 150g
安定剤 4g

レモン汁 200g

ひねしょうがのすりおろし 40g

作り方

1

鍋にAを入れて温め、混ぜ合わせたBを加えて沸騰させる。

2

ボウルに移し、底を氷水に当てて混ぜながら冷やす。

3

レモン汁、ひねしょうがのすりおろしを加え、アイスクリームマシンにかける。

composant 2

新しょうがのコンフィ

Shoga nouveau confit

材料 30人分

新しょうがの細切り 正味90g

A | 水 180g
グラニュー糖 90g
レモン汁 20g

作り方

1

新しょうがは皮をむき、5mm幅の薄切りにしてから細切りにする。

2

1をさっとゆでてえぐみを取り、水気をきる。

3

鍋にAを煮立ててシロップを作り、しょうがを加えて煮る。

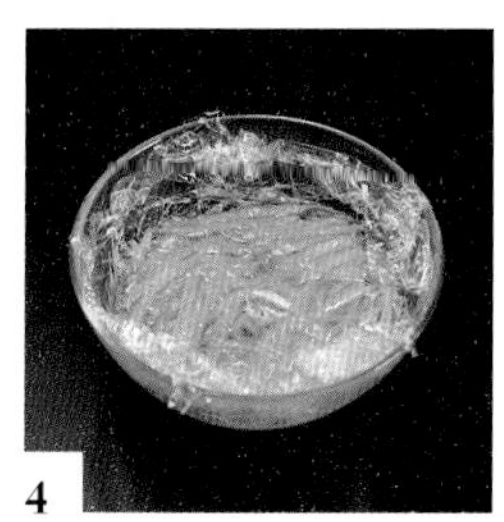
4

しょうがに火が通ったら耐熱容器に取り出し、ラップをぴったりと貼り付けて冷ます。

composant 3

しょうがのサブレ
Sablés au *Shoga*

材料 20人分

バター 163g

カソナード 75g

塩 1g

全卵 30g

アーモンドパウダー 38g

ロイヤルティーヌ* 38g

A | 薄力粉 163g
  | しょうがパウダー 2g

* オーツ麦やグラノーラの無糖タイプでもよい

作り方

1

大きめのボウルにバターを入れ、常温にもどす。**A** は合わせてふるっておく。

2

1 のボウルにカソナードと塩を加え、ゴムべらで混ぜ合わせる。同様に全卵から **A** まで、上から順番に混ぜ合わせていく。

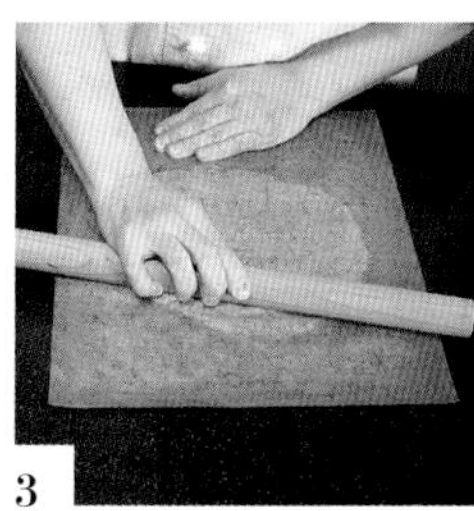
3

2 をベーキングシート2枚ではさみ、麺棒で2mm厚さにのばす。

4

上のベーキングシートをはがして天板にのせ、160℃に予熱したオーブンで20分ほど焼く。

5

取り出して冷まし、2cm大に割る。

composant 4

しょうが風味のいちごのソテー
Fraises sautées parfumées au *Shoga*

盛り付けのタイミングに合わせて作る

材料 3人分

いちご 10個

グラニュー糖 20g

レモン汁 5g

ひねしょうがのすりおろし 2g

ブランデー 3g

作り方

1

いちごはへたの固い部分をカットし、半分に切る。フライパンにグラニュー糖を入れて火にかけ、薄いキャラメル色になるまで熱する。

2

レモン汁、ひねしょうがのすりおろしを加えて混ぜ、いちごを入れてさっとソテーする。

3

ブランデーを加え、フランベする。温かいうちに盛り付け用の皿に盛る。

[組み立て・盛り付け]

材料　仕上げ用

いちご ......適量

ミント ......適量

すりおろしたレモンの表皮 ......適量

1

新しょうがのコンフィはキッチンペーパーの上に広げ、水気をきっておく。いちごはへたの固い部分をカットし、丸のままのほか、半割り、四つ割りなどにする。

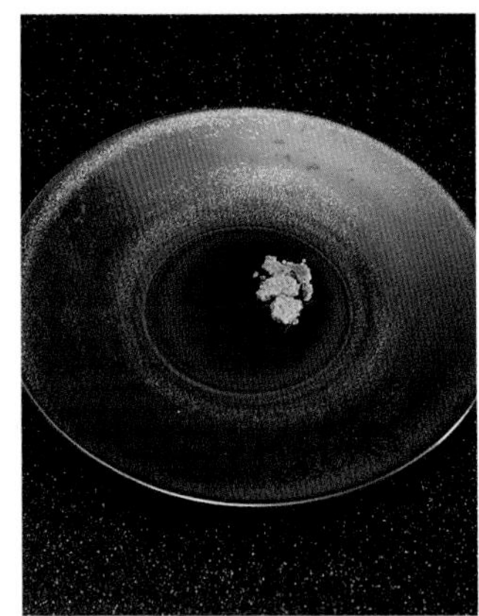

2

盛り付け用の皿にしょうがのサブレを小さく盛り、ソルベの滑り止めにする。

3

皿のあいたところに1のいちごを盛り、新しょうがのコンフィを散らす。

4

3の上に、さらにしょうが風味のいちごのソテーを温かいうちに盛り、新しょうがのコンフィとミントを散らす。

5

クネル型にとったしょうがのソルベを2の上にのせる。すりおろしたレモンの表皮を全体にふる。

わさびとチョコレートのコンポジション

Composition de *Wasabi* et chocolat

わさびは数少ない日本原産野菜。
よく知られるわさびの根だけでなく、茎の部分も用い、
ザクザクした食感のクロカンを合わせて歯ざわりが
楽しめるデザートにした。なお、わさびには
土耕栽培される「畑わさび」もあるが、本書では
風味の面で勝る「水わさび」を使用している。

使用する和素材について

DATA

分類	アブラナ科ワサビ属
主な産地	長野県、岩手県、静岡県
選び方	【わさび】表面にある凹凸の間隔が詰まっていてずっしりとした重量感のあるもの 【葉わさび・花わさび】みずみずしく元気なもの

わさび

Wasabi
Raifort japonais

花わさび

春に咲くわさびの花も、葉わさびと同様に辛味があり、食べられる。

葉わさび

わさびの葉と茎の両方を合わせて「葉わさび」と呼ぶ。わさび特有の辛味があり、醤油漬けや佃煮にして食される。

【下処理】
塩もみしてゆでる

よく塩もみしてアクを出し、洗ってから、湯でさっとゆでることによって辛味を引き出す。

◉使用例

下処理をしたのち、シロップに漬けてポシェにしたり、コンフィチュールにしても。

茎わさびのポシェ

わさび

葉わさびの根の部分。ひげ根を削ぎ落とし、目の細かいおろし金で、葉茎のついている方から空気を含ませながらすると辛味が出る。

◉ 使用例

すりおろしてクリームやソルベに入れて。また、皮ごと薄く切ってシロップにくぐらせ、乾燥焼きにするとチップスになる。

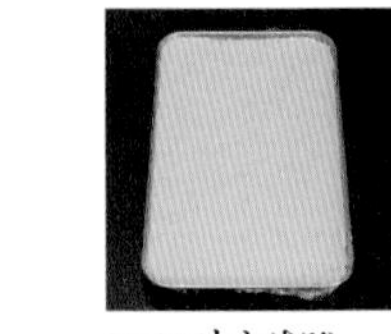

レモンとわさびのクリーム

わさびのチップス

◉ デザートに使う時のポイント

味の相性

わさびは辛味は強いが、香りは繊細。刻んだりすったりした後は、時間が経つごとに香りが飛んでしまうので、使う直前に刻む。

どんなフルーツとも相性良し

フルーツ全般と相性が良い。特にパイナップルやマンゴー、パッションフルーツなどのトロピカルフルーツは抜群。チョコとも合う。

わさびは皮つきのまますする

わさびは皮に辛味がある。汚れているところだけこそげ落とし、皮はむかずに使う。

composant 1

葉わさびのポシェ

Tiges de *Wasabi* pochées

材料　10人分

A
- 水 120g
- グラニュー糖 60g
- レモン汁 40g

葉わさび（茎の部分）......100g

塩 ......適量

作り方

1 **A** でシロップを作る。鍋に水とグラニュー糖を混ぜて沸騰させ、冷やしてからレモン汁を加える。

2 葉わさびは長さを15cmほどに切り、よく塩もみして洗う。さっとゆで、氷水にとる。

3 **2** を1本ずつ広げ、横からナイフを入れて1mmほどに薄く切る。

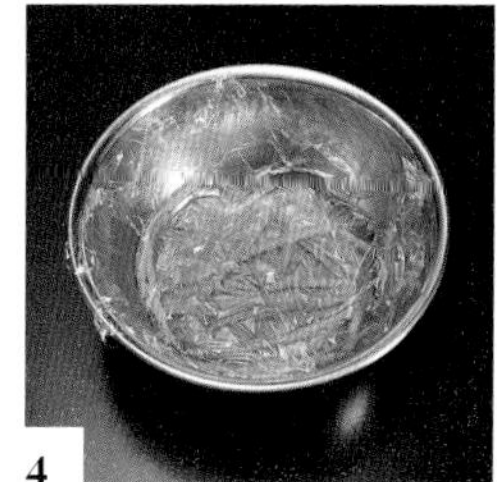

4 **3** をシロップに漬け、空気が入らないようにラップをぴったりと貼り付けて15分ほどおく。

composant 2

わさびとレモンのクリーム

Crème *Wasabi* / citron

材料　6人分

全卵 120g

グラニュー糖 60g

レモン汁 120g

すりおろしたレモンの表皮 1/2個分

板ゼラチン 4g

バター 76g

すりおろしたわさび 8g

作り方

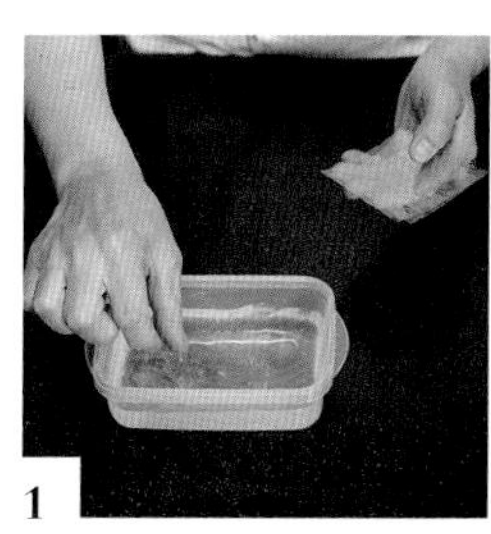

1 板ゼラチンは氷水でもどす。

2 ボウルに全卵とグラニュー糖を入れて溶きほぐし、鍋に漉し入れる。レモン汁とすりおろしたレモンの表皮を加える。

3

2を中火にかけ、ゴムべらで混ぜながら炊く。全体に煮立ち、とろっとしてきたら火を止め、水気を絞ったゼラチンを加えて混ぜ溶かし、60℃ほどまで冷ます。

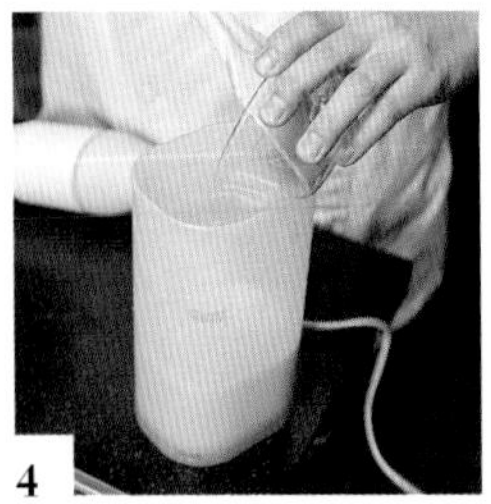

4

バター、すりおろしたわさびを加え、ハンドブレンダーにかけてよく混ぜる。バットに移し、冷蔵庫で冷やす。

composant 3

わさびのソルベ
Sorbet au *Wasabi*

材料　10人分

牛乳 300g

水 125g

A | グラニュー糖 120g
　| 安定剤 2g

レモン汁 20g

すりおろしたわさび 12g

作り方

1

Aは混ぜ合わせておく。鍋に牛乳、水を入れて温め、**A**を加えて沸騰させる。

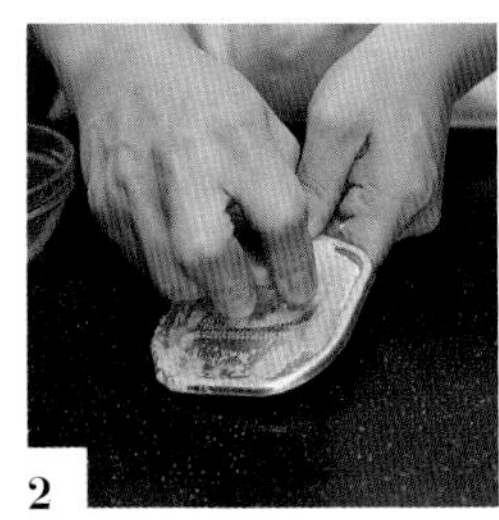

2

ボウルに移し、底を氷水に当てて混ぜながら、しっかり冷やす。レモン汁、すりおろしたわさびを加えてアイスクリームマシンにかける。

composant 4

わさびのチップス
Chips de *Wasabi*

材料　作りやすい分量

わさび ......適量

シロップ（グラニュー糖と水を1：2の割合で煮溶かして冷ましたもの）......適量

作り方

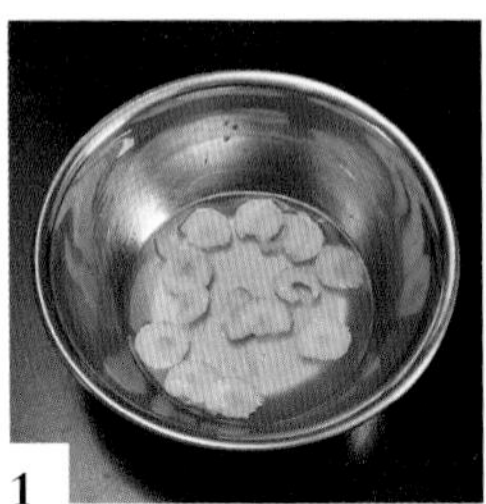

1

わさびはスライサーで薄い小口切りにし、シロップにくぐらせる。

2

ベーキングシートを敷いた天板に並べ、80～100℃に予熱したオーブンで2時間、乾燥焼きにする。

composant 5

アーモンド・ダックワーズ生地
Pâte à dacquoise aux amandes

材料 15人分

A | アーモンドパウダー 90g
粉糖 90g
薄力粉 24g

卵白 114g

グラニュー糖 38g

粉糖 ......適量

作り方

1 Aは合わせてふるっておく。

2 ボウルに卵白を入れて軽くハンドミキサーにかける。グラニュー糖を加え、角がピンと立つ固いメレンゲを作る。

3 2に1を2～3回に分けて加え、ゴムべらでなるべく泡をつぶさないように、手早く混ぜ合わせる。

4 1cmの丸口金をつけた絞り袋に入れ、ベーキングシートを敷いた天板に、渦を巻いて円形に絞る（サイズは盛り付け用の皿に合わせる）。170℃に予熱したオーブンで20分ほど焼き、冷ます。

composant 6

チョコレートとアーモンドのクロカン
Croquant chocolat / amandes

材料 8人分

A | ブラックチョコレート 16g
ミルクチョコレート 16g
プラリネ 20g

ロイヤルティーヌ 60g

アーモンド（ローストしたもの） 30g

作り方

1 ボウルにAを入れ、湯せんで溶かす。ロイヤルティーヌ、刻んだアーモンドを加えてよく混ぜ合わせる。

2 OPPフィルムを敷いたトレーに流し、ざっと広げる。冷蔵庫で冷やし固める。

composant 7

シャンティイ・ショコラ
Chantilly chocolat

材料 20人分

ブラックチョコレート 48g

ミルクチョコレート 48g

A | 生クリーム（乳脂肪分35%） 113g
水あめ 8g

生クリーム（乳脂肪分35%） 250g

作り方

1 チョコレート2種は刻んでボウルに入れておく。

2 鍋にAを入れて混ぜ、沸騰させる。1に入れて混ぜ溶かす。

3 ボウルの底を氷水に当てて混ぜながら冷やす。生クリームを加え、ハンドミキサーで八分立てにする。冷蔵庫で冷やす。

[[組み立て・盛り付け]]

材料 仕上げ用

わさびパウダー(わさびのチップスを粉砕してパウダー状にしたもの) ……適量

1

葉わさびのポシェはキッチンペーパーにのせ、水気をきっておく。絞り袋にシャンティイ・ショコラを入れ、深みのある盛り付け用の器に25gほど絞る。

2

アーモンド・ダックワーズ生地は、器のサイズに合わせてセルクルで抜き、食べやすいように一度4等分に割ってから円形に戻し、**1**の上に軽く押し込む。

3

レモンとわさびのクリームを40gほど入れ、チョコレートとアーモンドのクロカンを崩して15gほど入れる。

4

葉わさびのポシェ、わさびのチップスを散らす。中央にクネル型にとったわさびのソルベをのせ、わさびパウダーをふる。

#3

調味料

Assaisonnements

味噌とピーカンナッツのパルフェ
Parfait au *Miso* et noix de pécan

味噌で思い出すのが、昔、よく食べたピーナッツ味噌。
それをピーカンナッツに換え、レストランデザートらしさを出すために
パルフェを合わせた。味噌の奥深い旨味と塩気、
それらに甘味を加えていかにバランスをとるかに心を砕いた。

味噌

Miso
Pâte de soja fermentée

米味噌(白味噌)

大豆に米麹、塩を加えて作られる味噌で、国内生産の8割を占める。関西で使われる白味噌(西京味噌)も米味噌のひとつで、熟成期間、米麹や塩分の配合により甘いものが多い。

DATA

主な原料	大豆、米麹、麦麹、塩など
主な産地	【米味噌】関東甲信越、東北、北海道など ほぼ全国各地　【麦味噌】九州、中国、四国地方 【豆味噌】愛知県、三重県
保存方法	表面が乾かないようにして冷蔵保存

豆味噌

蒸した大豆と食塩だけで、長期熟成して作られる味噌。濃い旨味と、ほのかな渋味が特徴。

麦味噌

大豆、麦麹、塩で作る味噌。農家が自家用に作っていたことから「田舎味噌」とも呼ばれる。コクと甘みがある。

● デザートに使う時のポイント

表面をあぶって香りを引き出す

パルフェ〈P92〉のように加熱せずに作るものは、味噌の風味が立ちにくいので、あらかじめバーナーで味噌の表面を軽くあぶってから使うとよい。

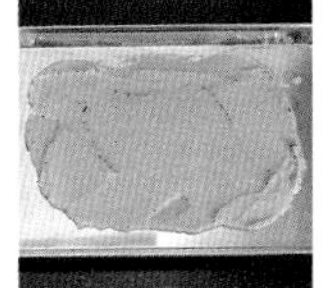
表面をあぶった味噌

ベストバランスの塩気に

塩気がきつくなりすぎず、それでいて味噌の香りも生きるように、配合のバランスをとる。塩分は味噌によって違うので、ひとつひとつ確かめてから使う。

生地がダレないように最後に加える

生地に加えると、味噌に含まれる酵素(こうそ)の作用で、ダレやすくなる。最後にさっと混ぜ、すぐ焼き上げるようにする。

ナッツ、豆、柑橘系と相性◎

味噌はナッツ類や豆類、フルーツでは柑橘類と相性が良い。この時も、味噌は軽くあぶってから使う。

● 使用例

調味料なので、マドレーヌやフィナンシェ、シュクセなどの生地ものや、パルフェの中に混ぜ込んだり、ソースに使ったりと、色々なものに応用できる。

白味噌のパルフェ

ピーカンナッツ味噌

composant 1

白味噌のパルフェ

Parfait au *Miso* blanc

材料 24×14cmのバット1枚分(8人分)

A
- 白味噌 98g
- はちみつ 27g
- サワークリーム 36g

B
- 卵黄 112g
- グラニュー糖 45g
- すりおろしたレモンの表皮 27g
- 水 15g

生クリーム(乳脂肪分35%) 300g

作り方

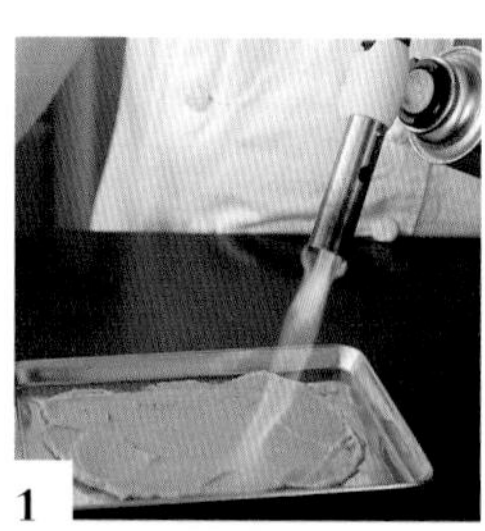

1 **A**の白味噌はバットに薄くのばし、バーナーで表面を軽くあぶる。**A**のほかの材料を加え、ゴムべらで練り混ぜておく。

2 ボウルに**B**を入れて泡立て器で混ぜ合わせ、湯せんにかけて泡立てる。70℃になったら湯せんから外し、さらに泡立てながら冷ます。

3 2に1を加えて混ぜ合わせる。さらに、七分立てにした生クリームを加えてさっと混ぜ合わせる。

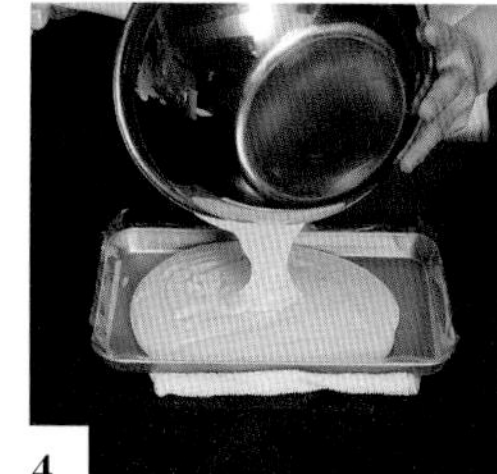

4 バットにOPPフィルムを敷き、3を流し入れる。冷凍庫で冷やし固める。

composant 2

白味噌のシュクセ

Biscuits succès au *Miso* blanc

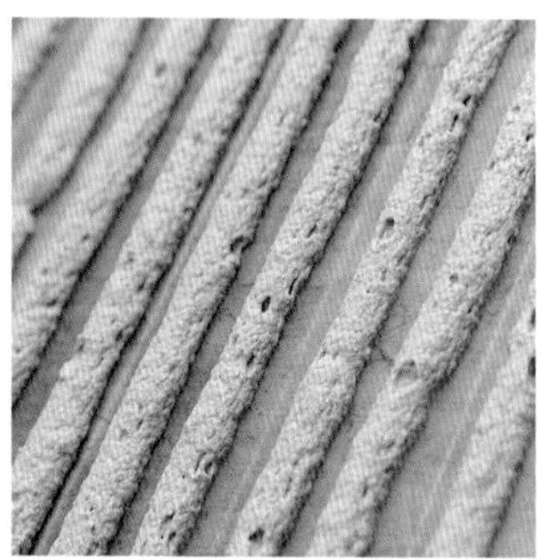

材料 20人分

A
- 卵白 100g
- グラニュー糖 90g

白味噌 16g

B
- アーモンドパウダー 60g
- グラニュー糖 50g

作り方

1 **B**は一緒にふるっておく。

2 ボウルに**A**を入れ、ハドミキサーで固いメレンゲを作る。一部を取り出して白味噌とよく混ぜ、残りのメレンゲに戻して泡がつぶれないようにゴムべらで手早く混ぜる。

3

2 に **1** を加え、さっくりと混ぜ合わせる。

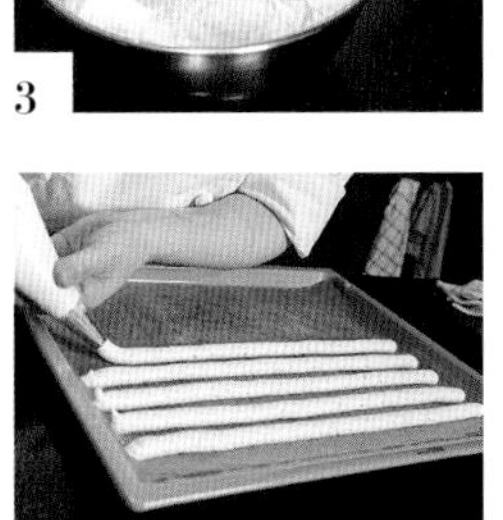

4

絞り袋に直径10mmの丸口金をつけ、**3** を入れる。ベーキングシートを敷いた天板に棒状に絞る。

5

135℃に予熱したオーブンで35〜40分焼く。シートごと網に取り出して冷ます。

composant **3**

ピーカンナッツ味噌

Noix de pécan caramélisée au *Miso*

材料　20人分

ピーカンナッツ(ローストしたもの*)　……180g

バター　……15g

A
- 麦味噌　……30g
- はちみつ　……20g
- グラニュー糖　……75g
- 水　……30g

* 自分でローストする場合は160℃のオーブンで20分焼く

作り方

1

A はよく混ぜ合わせておく。

2

フライパンにバターを溶かし、ピーカンナッツを入れて絡める。**1** を加え、水分を飛ばしながらピーカンナッツにしっかりと絡める。

3

ベーキングシートを敷いた天板に広げ、そのまま冷ます。

composant **4**

レモンのコンポート

Compote de citron

材料　20人分

A
- レモンのカルチェ　……260g
- すりおろしたレモンの表皮　……8g
- グラニュー糖　……100g

B
- グラニュー糖　……30g
- ペクチン　……8g

作り方

1　**B** は混ぜ合わせておく。

2　鍋にAを入れて温め、いったん火からおろし、Bを加えながらハンドブレンダーで攪拌する。

3　再び火にかけて沸騰させてから、冷ます。

[組み立て・盛り付け]

材料　仕上げ用

すりおろしたレモンの表皮 ......適量

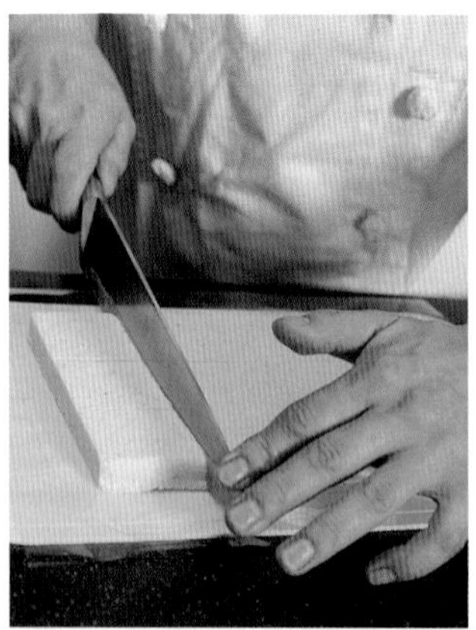

1
白味噌のパルフェはバットから出してOPPフィルムを外し、4.5cm角に切り分ける。

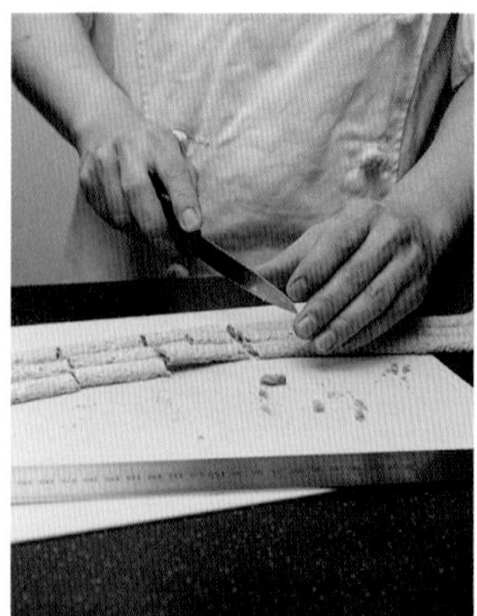

2
白味噌のシュクセは4.5cm長さに切り分ける。

3
切ったシュクセを、平らな面を上にして3本つけて並べ、斜め45度の向きにパルフェをのせる。

4
その上に、シュクセを斜め45度の向きに、今度は平らな面を下にして3本つけて並べる。そのまま冷蔵庫で冷やしておく。

5
ピーカンナッツ味噌は粗く刻む。

6
盛り付け用の皿のやや奥に、刻んだピーカンナッツ味噌を小さく盛り、手前にレモンのコンポートを15gほど敷く。

7
コンポートの上に4を立て、手前にもピーカンナッツ味噌を置く。全体にすりおろしたレモンの表皮を散らす。

醤油といちじくのデザート
Dessert de *Shoyu* et figues

日本料理に欠かせない醤油は、コツをつかめばデザートへの展開もしやすい。
醤油は風味高く味わいに主張があるので、使用する分量は味をみながら調整を。
バルサミコ酢と同じ感覚で捉えると、バニラアイスにかけたり、
いちじく×しょうゆ、いちご×しょうゆの組み合わせなどが考えつく。

使用する和素材について

醤油

Shoyu

Sauce de soja

DATA

主な原料	大豆、小麦、麹、塩
主な産地	千葉県野田市・銚子市、兵庫県龍野市、小豆島
保存方法	しっかりふたをして冷蔵保存。常温では酸化して味が劣化し、色も濃くなるので避ける

◉ 使用例

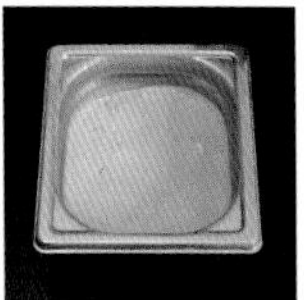
醤油のアイスクリーム

アイスや、フルーツのキャラメリゼ、フロランタンの風味付けに。パルフェに加えたり、ソースにアレンジしても。生地ものに加えるときは、まず油脂と合わせ、乳化させてから使う。

セミドライいちじくの醤油キャラメリゼ

醤油のフロランタン

濃口（こいくち）醤油

大豆と小麦をほぼ同量ずつ混ぜて作る、明るい赤褐色の醤油。国内生産量の8割を占める。加熱調理に加えたり、つけしょうゆ、かけしょうゆなど幅広く使われる。塩分16〜17%。

淡口（うすくち）醤油

関西地方を中心に広く使われている醤油で、食材の色を生かしたい料理にも使われる。色は薄いが、実は濃口よりも塩気が強い。塩分18〜19%。

◉ デザートに使う時のポイント

香り高い醤油を選ぶ

醤油のおいしさの要はなんといっても香り。香り高く、それでいてツンとしていない、ふくよかな香りがあるものを選ぶ。

塩気のバランスがカギ

醤油は塩分低めもののほうがデザートに展開しやすい。塩味がキツすぎないよう、必ず味見をしながら分量を調整する。

香ばしい「焦げ目」がマッチ

醤油の香りは、香ばしい「焦げ目」と相性が良い。例えば、パイナップルのソテーに焦げ目をつけてしょうゆで照り焼き風にしたり、キャラメリゼに加えても。フルーツはいちじくやベリー系と相性が良い。

醤油パウダー

醤油を粉末状に加工したもの。

◉使用例

ジェノワーズ（スポンジ生地）、サブレなどの生地ものに加えたり、仕上げに振っても。アイスの上にふるだけでも、目新しい演出になる。

composant 1

醤油のアイスクリーム

Crème glacée au *Shoyu*

材料　8人分

A
- 牛乳 250g
- 生クリーム（脂肪分35%）......50g
- バニラビーンズのさやと種 1/6本分

B
- 卵黄 50g
- グラニュー糖 40g
- カソナード 8g

濃口醤油 16g

作り方

1 鍋に**A**を入れ、沸騰直前まで温める。

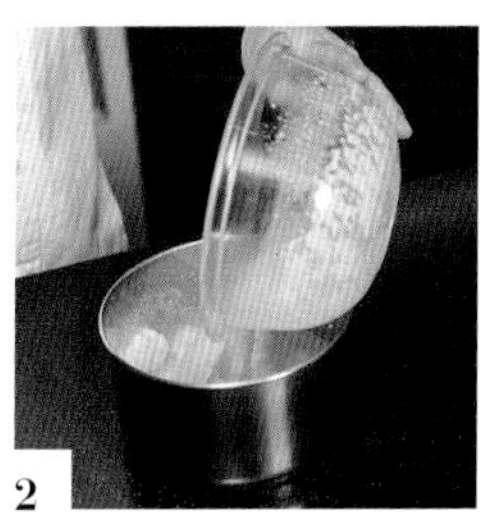

2 ボウルに**B**を入れて泡立て器で混ぜ、**1**の半量を加えて混ぜる。それを鍋に戻し、全体を混ぜながら83℃まで温める。

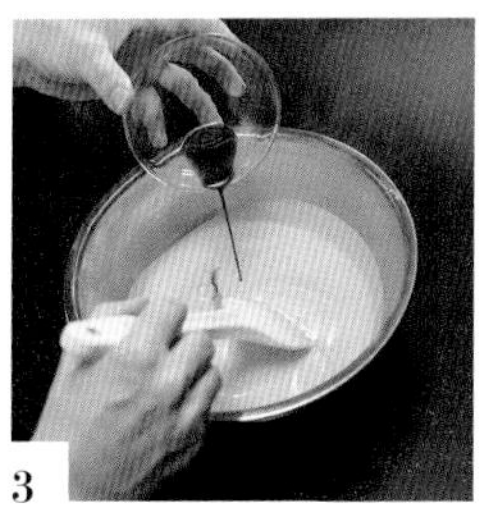

3 漉し、温かいうちに醤油を加える。底を氷水に当てて冷やし、アイスクリームマシンにかける。

composant 2

セミドライいちじくの醤油キャラメリゼ

Figues semi-séchées caramélisées au *Shoyu*

材料　6人分

- セミドライいちじく 150g
- グラニュー糖 40g
- 水 70g
- 濃口醤油 8g
- ブランデー 4g

作り方

1 セミドライいちじくは4等分に切る。フライパンにグラニュー糖を入れ、キャラメル色になるまで中火で加熱する。

2 水を加えてキャラメルを溶かし、いちじくを加えて軽く煮る。全体になじんだら、醤油を加える。

3 ブランデーを入れてフランベする。

composant 3

醤油のフロランタン

Florentins au *Shoyu*

材料 10人分

A
- バター ……20g
- グラニュー糖 ……20g
- 水あめ ……20g
- 生クリーム（乳脂肪分35%）……10g

濃口醤油 ……6g

アーモンドスライス ……55g

作り方

1

鍋にAを入れ、中火で温めながら、ゴムべらで混ぜて乳化させる。

2

沸騰したら醤油を加えて混ぜ、すぐに火を止める。アーモンドスライスを入れ、よく絡ませる。

3

ベーキングシートを敷いた天板に流し、アーモンドスライス1〜2枚ぶんの厚さにならす。

4

170℃に予熱したオーブンで10〜15分、香ばしく焼く（途中で一度、天板の奥と手前を入れ替える）。取り出して冷ます。

〚 組み立て・盛り付け 〛

材料 仕上げ用

いちじく ……1人分につき約1個

1

いちじくは皮をむき、12等分のくし形に切る。盛り付け用のグラスに、真ん中をあけて放射線状に盛り付ける。

2

1の真ん中に、セミドライいちじくの醤油キャラメリゼを30gほど入れる。

3

醤油のアイスクリームを大きめのクネル型にとり、**2**の上にのせる。適度な大きさに割った醤油のフロランタンを刺す。

みりんとフランボワーズのナージュ

Nage de *Mirin* et framboises

「ナージュ」はフランス語で「泳ぐ」という意味で、
食材が泳いでいるようなイメージの料理に使われる言葉。
フランボワーズの風味をみりんに移した軽いソースを添え、
卓上でかけるスタイルに。クランブルの食感がアクセントになっている。

本みりん

餅米と米麹、アルコールを熟成して作られる、やさしい甘味と旨味を含む液体調味料。アルコール度が13〜14%ある酒類の仲間。「みりん風調味料」もあるが、本書では「本みりん」を使用している。

使用する和素材について

みりん

Mirin
Saké sucré

DATA

主な原料	餅米、米麹、焼酎
保存方法	本みりんは冷暗所で保存。冷蔵保存すると糖分が結晶化してしまうので注意。みりん風調味料は冷蔵保存

2/3量まで煮詰めた本みりん

本みりんを2/3量になるまで弱火で煮詰め、そのまま冷ましたもの。みりんの甘味と麹の風味が凝縮されて、デザートに使いやすい。

◉ デザートに使う時のポイント

デザートには煮詰めてから使う

みりんはそのままだと水っぽいので、デザートには2/3量になるまで煮詰めてから使う。独特の風味のある甘味料で、「メープルシロップ」と同じ感覚で使える。

味の相性

和の調味料なので、小豆やきなことといった和食材を合わせるとはずれがない。フルーツはパイナップル、桃、マンゴー、ベリー系、柑橘類、ぶどうなどが合う。

早めに使い切る

みりんは2/3量まで煮詰めていても、香りが飛びやすいので、早めに使いきる。

◉ 使用例

2/3量まで煮詰めた本みりんは、コクと風味のある甘いシロップなので、ソルベやソース、フルーツのコンポートなど色々なものに使える。

みりんとレモンのソルベ

みりんとフランボワーズのソース

いちじくとみりんのコンポート

composant 1

みりんとレモンのソルベ

Sorbet *Mirin* / citron

材料　12人分

水 125g

すりおろしたレモンの表皮 5g

A | グラニュー糖 75g
 | 安定剤 1g

レモン汁 180g

牛乳 250g

2/3量まで煮詰めたみりん〈P100参照〉......90g

作り方

1

鍋に水とすりおろしたレモンの表皮を入れ、火にかけて温める。

2

1に、混ぜ合わせたAを加えて混ぜる。沸騰したらボウルに移し、底を氷水に当てて冷やす。※この時よく冷やさないと、あとで加える牛乳のたんぱく質が分離してしまうので注意する。

3

レモン汁、牛乳、煮詰めたみりんを加えて混ぜる。アイスクリームマシンにかける。

composant 2

みりんとフランボワーズのソース

Sauce *Mirin* / framboises

材料　6人分

A | 2/3量まで煮詰めたみりん〈P100参照〉......20g
 | フランボワーズ 200g
 | グラニュー糖 15g
 | レモン汁 3g

（好みで）2/3量まで煮詰めたみりん ......適量

作り方

1

ボウルにAを入れ、ラップをして湯せんにかける。

2

フランボワーズから赤い果汁が出てきて、実が一回り小さくなったら火から下ろす。濾して実を除き、ソースを冷蔵庫で冷やす（残った実は「フランボワーズのマルムラード〈P102〉」に使ってもよい）。

3

味をみて、好みで煮詰めたみりんを加える。

composant 3

フランボワーズのマルムラード

Marmelade de framboises

材料 15人分

フランボワーズ ……250g

A | グラニュー糖 ……25g
ペクチンNH ……1g

作り方

1 フランボワーズは細かくほぐす。A は混ぜ合わせておく。

2 鍋にフランボワーズを入れて中火にかけ、混ぜながら煮る。身が崩れてペースト状になればOK。

3 A を加えて混ぜ、沸騰したら火を止める。そのまま冷ます。

composant 4

クレーム・レジェール

Crème légère

材料 20人分

牛乳 ……250g

バニラビーンズのさやと種 ……1/4本分

A | 卵黄 ……60g
グラニュー糖 ……40g
薄力粉 ……12g
コーンスターチ ……12g

バター ……20g

生クリーム(乳脂肪分35%)……100g

作り方

1 クレーム・パティシエール(カスタードクリーム)を作る。鍋に牛乳とバニラビーンズを入れ、沸騰直前まで温める。

2 ボウルに A を上から順に入れていき、そのつど泡立て器でよく混ぜ合わせる。1 を加えて混ぜ合わせる。

3 鍋に戻し入れて中火にかけ、ゴムべらで混ぜながら炊く。とろみがつき、クリームにツヤが出たらバターを加えてよく混ぜる。粗熱をとり、冷蔵庫で冷やす。

4 生クリームは固めに立て、3 に加えて混ぜ合わせる。

composant 5

クランブル

Crumble

材料 6人分

バター ……30g

A | アーモンドパウダー ……30g
薄力粉 ……30g

グラニュー糖 ……30g

作り方

1 常温に戻したバターをボウルに入れ、クリーム状に練る。

2 ふるった A、グラニュー糖を加えて粉っぽさがなくなるまでよく混ぜ、ひとまとめにする。

3 手で松の実くらいの大きさにちぎり、ベーキングシートを敷いた天板の上になるべく重ならないように広げる。

4 160℃に予熱したオーブンで 10 分ほど焼く。取り出して天板に乗せたまま冷まし、ほぐす。

〚 組み立て・盛り付け 〛

材料 仕上げ用

フランボワーズ ……1人分につき約10個
すりおろしたレモンの表皮 ……適量

1
深みのある器の中央に、フランボワーズのマルムラードを15gほど丸く盛る。

2
マルムラードのふちにフランボワーズを配置する（中央はあけておく）。

3
あけておいた中央にクレーム・レジェールを20gほど入れ、その上にクランブルを散らす。

4
注ぎ口のついたガラスのピッチャーに、みりんとフランボワーズのソースを入れておく。

5
3のクランブルの上に、クネル型にとったみりんとレモンのソルベをのせ、すりおろしたレモンの表皮をふる。**4**を添える。

酒のムースグラッセ、オレンジのソース

Mousse glacée au *Saké*, sauce à l'orange

酒は合わせるものを選ばないオールマイティな素材。
フルーツなら柑橘類やベリー系から、トロピカルフルーツ、
日本のくだものまで、さらにチョコレートやキャラメルも合うので、
自由な発想で組み合わせを考えられる。
今回はオレンジを補佐的に合わせて、酒の味わいを引き立てた。

にごり酒

清酒の仲間だが、普通の清酒と違って澱を残すため白濁している。とろりとして味わいは濃厚。酵母が生きたまま瓶に詰める発泡タイプもある。

清酒

米、米麹、水などを原料にして発酵させ、漉したもの。仕上げに漉して澱を除くため、澄んでいて味わいもすっきり。

酒

Saké
Alcool de riz

DATA

おもな原料	米、米麹、酵母
アルコール度数	15.4%
保存方法	清酒は常温でも保存できるが、光と高温が苦手なため冷暗所で。にごり酒は冷蔵保存

AUTRE

酒粕

酒を漉した後に残る白色の澱のこと〈P110参照〉。メレンゲや生地ものなど「酒の風味はつけたいが、水分は加えたくない」という時は酒粕を使う。

◉ デザートに使う時のポイント

酒を主役にする時は風味の強いものを

酒の味わいは千差万別。使う酒は好みで選んで良いが、酒の効いたデザートに加工する場合は「風味が強いもの」を基準に選ぶ。

非加熱のパーツに使う

酒は高温で加熱すると、風味が飛んで本来の味のバランスが崩れてしまう。ソースやムースなど非加熱で作るパーツなら酒本来の味を生かせる。ただし、アルコールは冷凍しても固まりにくい。

フルーツは何でもOK

フルーツは基本的に何でも合う。補佐的な味（柑橘系など）を合わせて酒を主役にするか、逆に強い味（プラム系やチョコなど）を合わせて相手を主役にするかをまず考えるとやりやすい。

◉ 使用例

酒は、ムースやソース、ソルベなど、非加熱で使うものに向く。酒の分量が多すぎると、冷凍しても固まりにくくなるので注意。

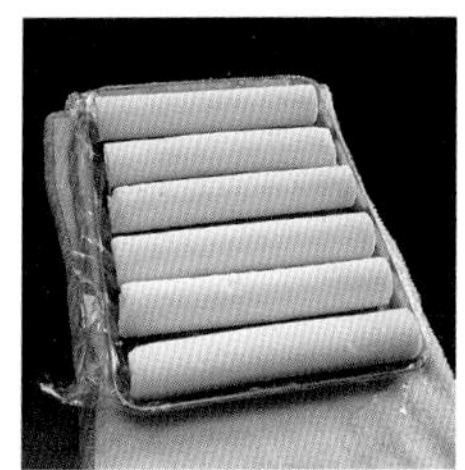

酒のムースグラッセ

オレンジと酒のソース

composant 1

酒のムースグラッセ
Mousse glacée au *Saké*

材料 直径2.5×長さ13.5cmのコルネ用の円筒12本分

酒(にごり酒) 240g

板ゼラチン 6g

卵白 80g

A | グラニュー糖 50g
| 水 15g

生クリーム(乳脂肪分35%) 120g

作り方

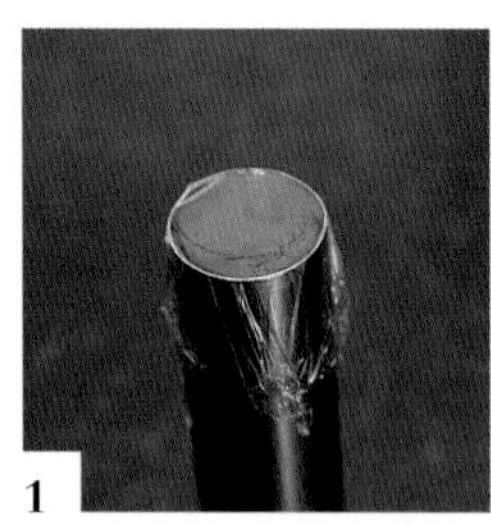

1

コルネ用の円筒を用意し、片方の穴にラップをぴっちりとかぶせておく。板ゼラチンは氷水でもどしておく。

2

耐熱容器に、水気を絞ったゼラチンと酒50gほどを入れ、電子レンジで50℃ほどに温めて混ぜ溶かす。これを残りの酒と合わせ、底を氷水につけて冷やす。

3

イタリアンメレンゲを作る。ボウルに卵白を入れてハンドミキサーで泡立てる。小鍋に**A**を混ぜて118℃まで熱し、卵白に少しずつ加えながらハンドミキサーで固く泡立てる。冷蔵庫か冷凍庫で冷やす。

4

別のボウルで生クリームを七分立てにし、イタリアンメレンゲを少量加えてなじませる。これを**2**に入れて混ぜ合わせてから、残ったイタリアンメレンゲのボウルに入れ、手早く混ぜ合わせる。

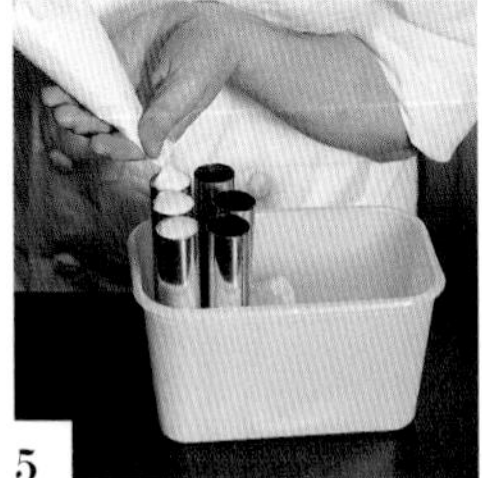

5

4を絞り袋で円筒の中に絞り入れ、立てた状態で冷凍庫で冷やし固める。途中、表面が凹んできたら、残りのムースを足し、パレットナイフで表面を平らにならし、再び冷やし固める。

composant 2

酒粕のメレンゲ
Meringue au *Sakékasu*

材料 30×40cmの天板2枚分

酒粕(板状のもの) 8g

卵白 100g

A | グラニュー糖 65g
| トレハロース 35g

粉糖 90g

作り方

1

Aは混ぜ合わせておく。粉糖はふるっておく。

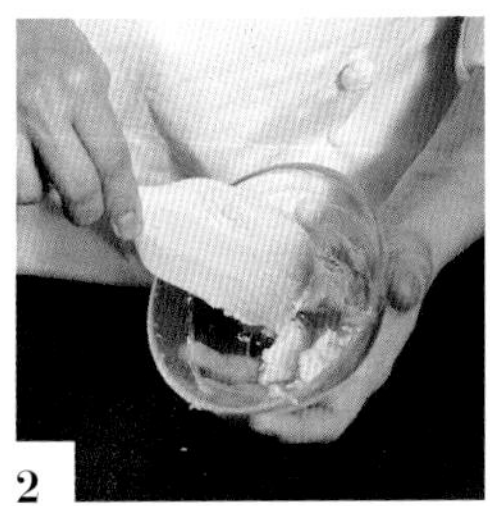

2

ボウルに酒粕を入れ、卵白を少々加えてのばす。

3

残りの卵白を加え、ハンドミキサーで泡立てる（酒粕の作用で生地がダレやすくなるが、気にせず混ぜ続ける）。**A**を加えてさらに混ぜ、固いメレンゲを作る。食べてみてジャリッとしないか（トレハロースが溶けているか）を確認し、粉糖を加え、ゴムべらでさっくりと混ぜる。

4

ベーキングシート2枚に、3をパレットナイフで薄くのばし、天板にのせる。茶漉しで粉糖(分量外)をふる。

5

90℃に予熱したオーブンで3〜4時間、乾燥焼きにする。取り出して天板ごと冷ます。4〜5cm大に割り、乾燥剤を入れた容器で保存する。

composant 3

オレンジのマルムラード
Marmelade d'oranges

材料　作りやすい分量

オレンジ ......2個(正味500g)
バニラビーンズのさや 1/4本
A | グラニュー糖 50g
　| ペクチンNH 5g

作り方

1　オレンジは丸ごと2回湯通しする。ヘタを除き、外皮ごと2cm角に切って計量する。**A**は混ぜ合わせておく。

2　鍋にオレンジ、バニラビーンズを入れて火にかける。沸騰したら**A**を加えて混ぜ合わせる。

3　いったん火から下ろしてブレンダーで攪拌し、再度沸騰させる。冷ます。

composant 4

酒とオレンジのソース
Sauce *Saké* / orange

材料　作りやすい分量

オレンジピュルプ* 200g
レモン汁 10g
A | グラニュー糖 15g
　| ペクチンNH 1g
酒（清酒）......適量

* オレンジピュルプ…オレンジのカルチエ（果肉）と果汁を合わせたもの

作り方

1

Aは混ぜ合わせておく。

2

鍋にオレンジピュルプとレモン汁を入れて温め、**A**を加えて沸騰させる。

3

ボウルに移し、底を氷水に当てて混ぜながら冷やす。酒を加える。

[組み立て・盛り付け]

材料 仕上げ用

オレンジのカルチエ ……適量
すりおろしたオレンジの表皮 ……適量

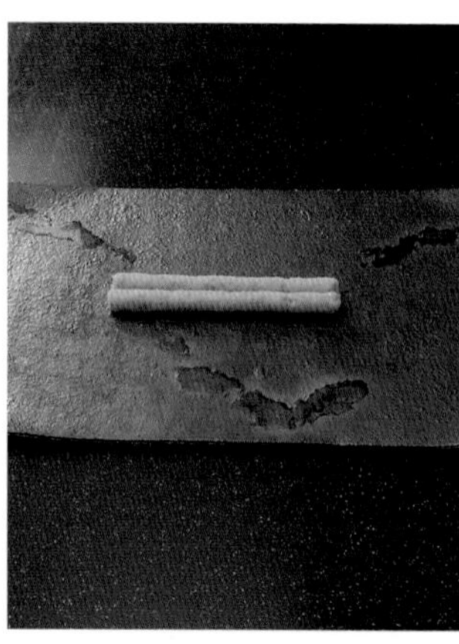

1
絞り袋に10mmの丸口金をつけ、オレンジのマルムラードを入れる。盛り付け用の皿の中央に、酒のムースグラッセの長さよりほんの少し長めに、2本つなげて直線に絞る。

2
酒のムースグラッセは、円筒の周りを手で軽く温め、底から押し出し、1の上にのせる。

3
ムースグラッセの左右の側面に酒粕のメレンゲを貼りつける。

4
皿のあいたところに、酒とオレンジのソースをところどころに敷く。

5
オレンジのカルチエを3〜4等分に切り、ムースグラッセの上にのせる。

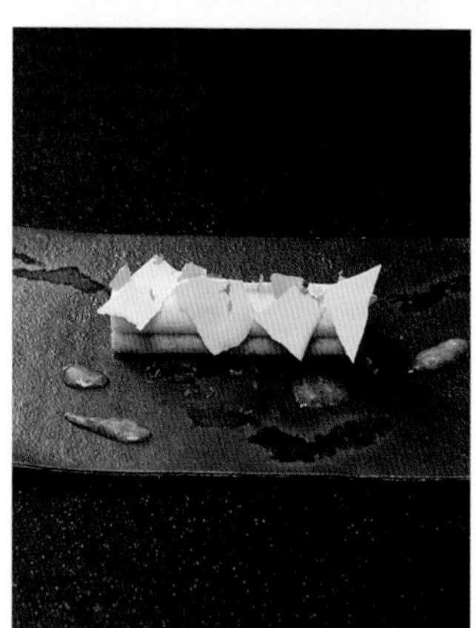

6
すりおろしたオレンジの表皮をふる。

酒粕のパンケーキ、
レーズンのアイスクリーム

Pancakes au *Sakékasu*,
crème glacée aux raisins secs

ペーストタイプの酒粕は口当たり良くそのままでも食べやすいので、
季節だった巨峰をマリネすることにした。
この発想の源は、魚の粕漬け焼きから。酒粕は、こだわるならば、
好きな酒の蔵元のものを選ぶようにすると、自分好みの味に仕上がる。

使用する和素材について

酒粕

Sakékasu
Lie de saké

DATA

原料	清酒のもろみ
保存方法	開封後も袋から出さずに保存袋に入れ、できるだけ空気を抜いて冷蔵保存

酒粕(板粕)

もろみから日本酒を搾り出した後、自動圧搾機に残る副産物。そぼろ状のものもある。水分でふやかしたり、火にかけて練ってから使う。チーズの代わりとして、ヴィーガンや乳製品アレルギー対応のメニューにも用いられる。

酒粕(ペーストタイプ)

板粕〈右記参照〉を練り合わせてやわらかいペースト状にしたもので、やわらかくて溶けやすく、甘酒や魚の粕漬けにはもちろん、デザートにも使いやすい。茶色い酒粕は漬物用なので別物。

◉ デザートに使う時のポイント

フルーツは何でも合う

酒粕は相手を選ばず、どんなフルーツとも相性が良い。季節ごとに出回るいろんなフルーツで試してみて。

酵素の力で生地がダレることも

メレンゲやジェノワーズ(スポンジ生地)などの泡立てた生地に、酒粕などの発酵食品を加えると、酵素の力で泡が溶け、ダレやすくなるので注意する。

酒粕のアルコール分に注意

酒粕にはアルコール分が含まれているが、水分が少ないため、加熱してアルコール分を飛ばすことが難しい。お酒に弱い人に出す時は十分気をつける。

◉ 使用例

パンケーキやパウンドケーキ、ジェノワーズ(スポンジ生地)などに混ぜ込んだり、フルーツを漬けたり、アイスクリームに加えるなど。

酒粕のパンケーキ

レーズンの酒粕ポシェ

酒粕とレーズンのアイスクリーム

composant 1

酒粕のパンケーキ

Pancakes au *Sakékasu*

材料 直径8cmのセルクル6〜7個分

酒粕(ペーストタイプ) 45g
グラニュー糖 100g
全卵 150g
すりおろしたオレンジの表皮 1/2個分
A | 薄力粉 120g
　| ベーキングパウダー 8g
バター ......適量

作り方

1 **A**は合わせてふるっておく。

2 ボウルに酒粕とグラニュー糖を入れ、ゴムべらでよく練り混ぜる。

3 **2**に全卵、すりおろしたオレンジの表皮を加えて泡立て器で混ぜ合わせる。

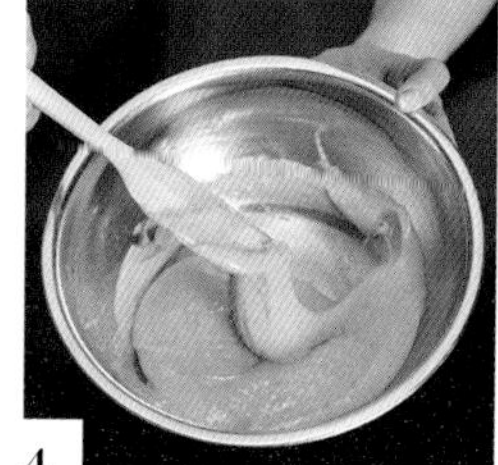

4 さらに**1**を加え、なめらかになるまで混ぜ合わせる。ラップをし、冷蔵庫に1時間以上おいて生地をなじませる。

5 組み立ての直前に焼く。絞り袋に**4**の生地を入れておく。フライパンに弱火でバターを溶かし、セルクルを置いて内側にベーキングペーパーを巻く。

6 セルクルの中に1cm高さに生地を絞り入れ、弱火で焼く。半分ほど火が通ったら、セルクルとベーキングペーパーを外し、裏返して焼く。

composant 2

酒粕とレーズンのアイスクリーム

Crème glacée au *Sakékasu* / raisins secs

材料 15人分

レーズンの酒粕ポシェ〈P112参照〉......全量
A | 牛乳 300g
　| 生クリーム(乳脂肪分35%) 60g
　| 酒粕(ペーストタイプ) 40g
　| グラニュー糖 70g
　| 水あめ 50g

作り方

1

レーズンの酒粕ポシェは、漉してレーズンと浸け液に分ける。

2

鍋に **A** を入れ、温めながらゴムべらで混ぜて酒粕を溶きのばす（酒粕のかたまりがある場合はハンドブレンダーにかける）。

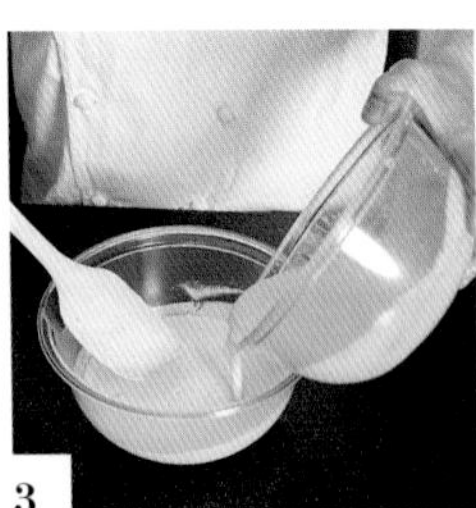
3

2 が沸騰したらボウルに移し、底を氷水に当てて混ぜながら冷やす。

4

1 の浸け液を加えて混ぜ、アイスクリームマシンにかける。出来上がったら **1** のレーズンを入れて混ぜ合わせる。

レーズンの酒粕ポシェ

Raisins secs pochés au *Sakékasu*

材料　作りやすい分量

水 ……200g

酒粕（ペーストタイプ）……60g

レーズン ……80g

作り方

1. 鍋に水と酒粕を入れ、弱火で温めながら、焦げないようにゴムべらでよく混ぜ、酒粕を完全に溶かす。
2. ボウルの中にレーズンを入れ、沸騰させた **1** を注ぐ。
3. 液体にラップをぴったりとつけ、冷めるまでそのままおく。

composant 3

巨峰の酒粕マリネ

Raisins géants marinés au *Sakékasu*

材料　6人分

巨峰（種なし）……18粒

A
- 酒粕（ペーストタイプ）……70g
- はちみつ ……18g
- レモン汁 ……6g
- グラニュー糖 ……16g

作り方

1

巨峰は洗って水気を拭き、なり口をカットする。

2

ボウルに **A** を入れ、やわらかいペースト状になるまでゴムべらで練り混ぜる。

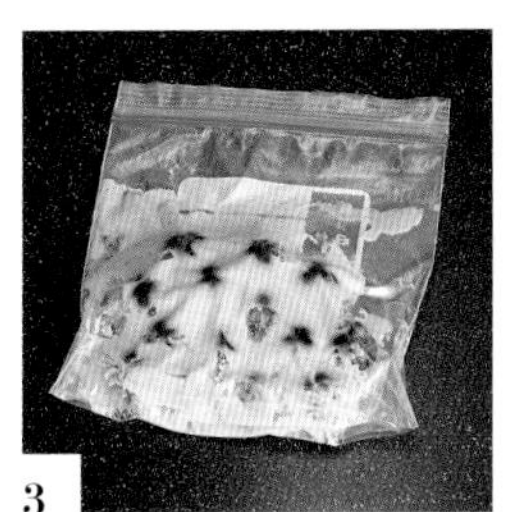

3

2に巨峰を入れ、あえる。ファスナー付き保存袋に入れて空気を抜いて閉じ、冷蔵庫に一晩おく。

composant 4

巨峰のコンフィチュール
Confiture de raisins géants

材料 6人分

巨峰 ……200g
グラニュー糖 ……10g
レモン汁 ……18g
A | グラニュー糖 ……10g
　| ペクチンNH ……2g

作り方

1 巨峰はなり口をカットし、皮ごと六つ割りにし、種があれば除く。

2 鍋に巨峰、グラニュー糖、レモン汁を入れ、火にかける。沸騰したら、混ぜ合わせたAを加えてよく混ぜ、再び沸騰させる。

[組み立て・盛り付け]

材料 仕上げ用

粉糖 ……適量

1
盛り付け用の皿の左奥に、酒粕のパンケーキを2枚重ねて置く。

2
皿の右手前に、巨峰のコンフィチュールを小さく盛ってアイスの滑り止めにする。さらにパンケーキの端にもコンフィチュールをかける。

3
巨峰の酒粕マリネはあえ衣がついたまま半分にカットし、皿のあいたところに盛る。

4
パンケーキに粉糖をふる。クネル型にとった酒粕とレーズンのアイスクリームを、2の滑り止めの上にのせる。

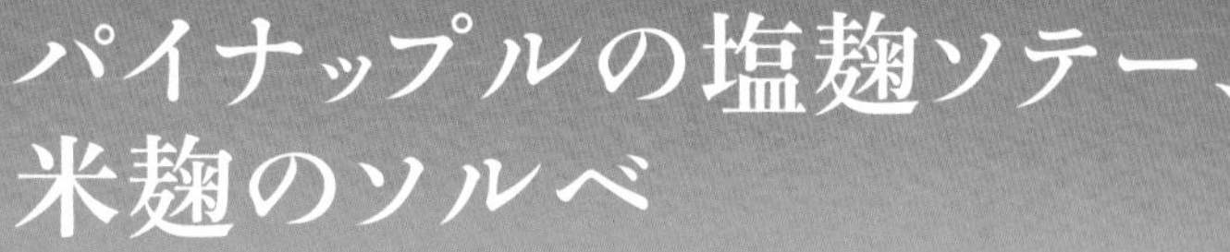

パイナップルの塩麹ソテー、米麹のソルベ

Ananas sauté au *Shio-Koji*, sorbet au *Kome-Koji*

パイナップルを塩麹漬けにすると、浸透圧で塩味が
パイナップルにしみ込む代わりに、果汁が外に出てくる。
その甘じょっぱいジュースをソルベに活用し、
もどした米麹で甘みをプラスして
発酵独特の香りを楽しめるようにした。

塩麹

Shio-Koji
Koji salé

塩麹

米麹に塩と水を混ぜて作られる日本の伝統的な発酵調味料。塩気と独特の旨味がある。既製品もあるが、自作することもできる。

DATA

原料	米麹、塩
保存方法	ふたつきの保存容器に入れて冷蔵保存

原料は米麹

米麹は、白米に麹菌を付着させ、微生物を繁殖させたもの。塩麹だけでなく、味噌や醤油、みりん、麹甘酒などの原料になっている。生米麹もあるが市場では乾燥タイプが主流で、板状のもの(右)とバラバラにしたもの(下)がある。「麹」は「糀」と表現する場合も。

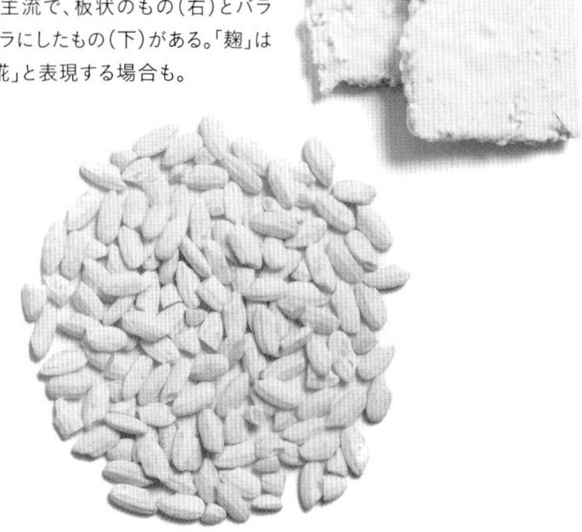

AUTRE

米麹の「はや作り」

塩麹の塩気が強いと感じた時は、米麹を湯でもどして温めた「はや作り」を加えてもよい。麹の風味と甘味がプラスされる。

◉使用例

塩麹でフルーツを漬け込みソテーするほか、出てきたジュースとともにドリンクにアレンジしても。

パイナップルの塩麹ソテー

◉ デザートに使う時のポイント

塩気のバランスに気をつける

塩麹は塩気に注意。塩気が強すぎないよう使う分量に気をつける。フルーツを漬ける時は、漬ける時間が長いほどしょっぱくなるので、途中で味見をしながら漬けるとよい。

発酵調味料の特性を理解する

メレンゲや生クリームに塩麹などの発酵調味料を加えると、酵素の力で生地がダレやすくなるので注意する。

composant 1

パイナップルの塩麹ソテー

Ananas sauté au *Shio-Koji*

材料 6人分

パイナップル ......1/2個（約500g）

A | 塩麹 50g
  | はちみつ 20g

バター ......適量

グラニュー糖 ......適量

作り方

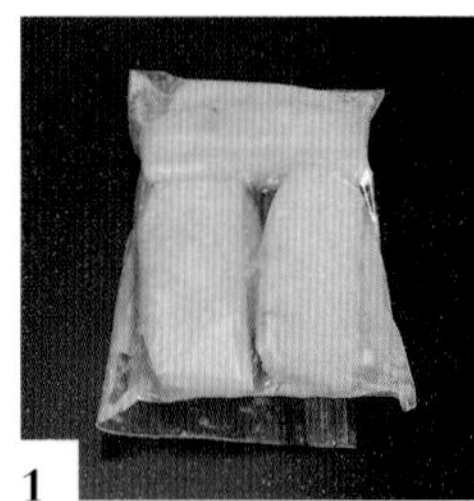

1

パイナップルは皮をむき、芯のかたい部分を除き、6等分のくし形に切る。ファスナー付き保存袋に**A**を混ぜ、パイナップルを入れてできるだけ空気を抜き、15分ほど冷蔵庫で漬ける。

2

パイナップルと、出てきた漬け液を分ける（漬け液は「米麹のソルベ〈右記〉」で使う）。パイナップルに付いている麹を軽く取り除き、熱したフライパンにバターとともに入れて軽く焼く。

3

表面にグラニュー糖をふって裏返し、焦げ目をつける。同様にグラニュー糖をふって裏返し、焦げ目をつける。

composant 2

米麹のソルベ

Sorbet au *Kome-Koji*

材料 12人分

60℃の湯 300g

乾燥米麹 40g

A | 水 125g
  | 水あめ 25g
  | おろししょうが 15g

B | グラニュー糖 75g
  | 安定剤 2g

C | ライム汁 30g
  | 生クリーム（乳脂肪分35%）......25g
  | 塩麹の漬け液（「**パイナップルの塩麹ソテー**」で使ったもの）......70g

すりおろしたライムの表皮 1/2個分

作り方

1

炊飯器に、60℃の湯、ばらした乾燥米麹を入れ、保温にして3時間ほど温める（はや作り〈P115参照〉）。

2

鍋に**A**を入れて温め、混ぜ合わせた**B**を加えて沸騰させる。

3

ボウルに移し、底を氷水に当てて混ぜながら冷やす。**1**、**C** を加えて混ぜ、アイスクリームマシンにかける。出来上がったら、すりおろしたライムの表皮を加える。

composant **3**

マスカルポーネのクレーム・パティシエール

Crème pâtissière mascarpone

材料 8人分

牛乳 250g

バニラビーンズのさやと種 1/4本分

A
- 卵黄 64g
- グラニュー糖 45g
- 薄力粉 12g
- コーンスターチ 12g

バター 20g

マスカルポーネ 125g

作り方

1 鍋に牛乳とバニラビーンズを入れ、沸騰直前まで温める。

2 ボウルに **A** を上から順に入れていき、そのつど泡立て器でよく混ぜ合わせる。**1** を加えて混ぜ合わせる。

3 鍋に戻し入れて中火にかけ、ゴムべらで混ぜながら炊く。とろみがつき、クリームにツヤが出たらバターを加えてよく混ぜる。

4 ボウルに移して底を氷水に当てて粗熱をとり、冷蔵庫で冷やす。ゴムべらで混ぜてよくほぐし、マスカルポーネを加える。

［ 組み立て・盛り付け ］

材料 仕上げ用

パイナップル ......適量

すりおろしたライムの表皮 ......適量

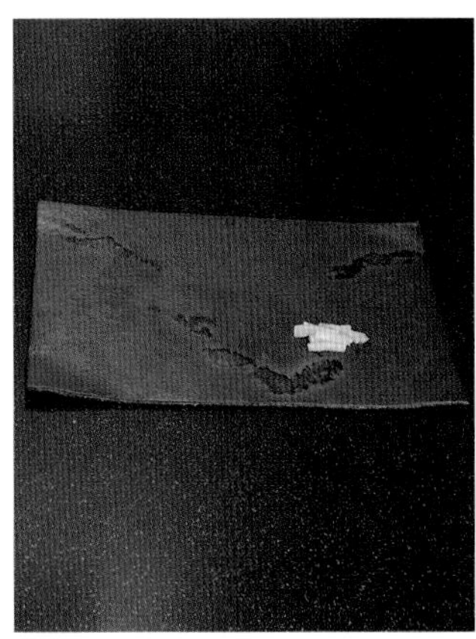

1

パイナップルは3cm長さの太めのせん切りにし、盛り付け用の皿の右下あたりに小さく広げ、ソルベの滑り止めにする。

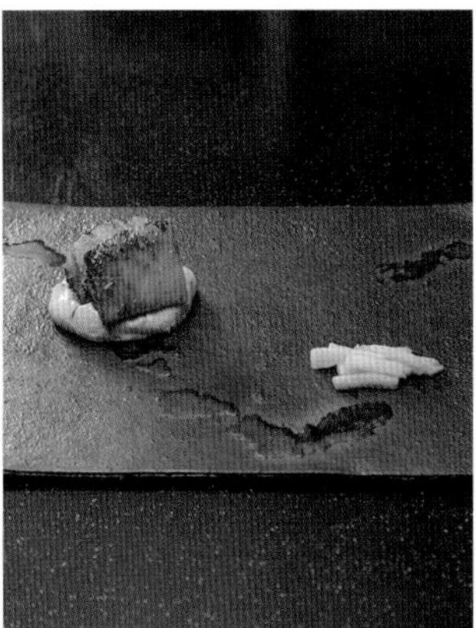

2

皿の左側に、マスカルポーネのクレーム・パティシエールを直径5cmほどの円形にこんもりと盛り、パイナップルの塩麹ソテーを半分に切ってのせる。

3

2の上に、**1**と同じパイナップルのせん切りを少量のせ、すりおろしたライムの表皮をふる。滑り止めの上に、クネル型にとった米麹のソルベをのせる。

麹甘酒のブラマンジェ
Blanc-manger à l'*Amazaké*

麹甘酒の風味をなるべく生かすものを、
と考えたのがシンプルなブラマンジェ。
フランボワーズのソースをかけただけでも完結するデザートだが、
麹甘酒の味がよりストレートに伝わるアイスクリームと、
麹のつぶを残した少し弾力のあるチュイールをトッピング。
一皿に麹甘酒の魅力を凝縮させた。

麹甘酒

Amazaké
Saké sucré sans alcool

麹甘酒

米と米麹から作られるノンアルコールの甘酒で、酒粕で作るアルコール入りの甘酒と区別するために「麹甘酒」と呼ばれている。米麹の粒々した食感が残り、やさしい甘味の中に麹特有の風味がある。飲料用のストレートタイプもあるが、デザート作りには濃縮タイプ（市販品）を使うと手軽。

DATA

原料	炊いた米、米麹
保存方法	ファスナー付き保存袋に入れて冷凍保存

◉ デザートに使う時のポイント

一度沸騰させて香りを出す

麹甘酒は温めたほうが香りが立つ。目安は70℃以上。作る途中で沸騰させる工程があれば、事前に温めなくてもOK 。

塩で甘みを引き立てる

おしるこにほんの少し塩を加えると甘みが引き立つように、麹甘酒にも少量の塩を加えて、甘みを引き立てる。

繊細な風味を生かす

あまり強い味のものは、麹甘酒の繊細な味わいが負けてしまうので、分量を控えめにするなど配合に気をつける。

◉ 使用例

甘味料として使い道は多いが、麹の風味を生かすなら、ブラマンジェやアイスなどシンプルなものに使うと味がストレートに伝わりやすい。オーブンで乾燥焼きにしてチュイールにしても。

麹甘酒のブランマンジェ

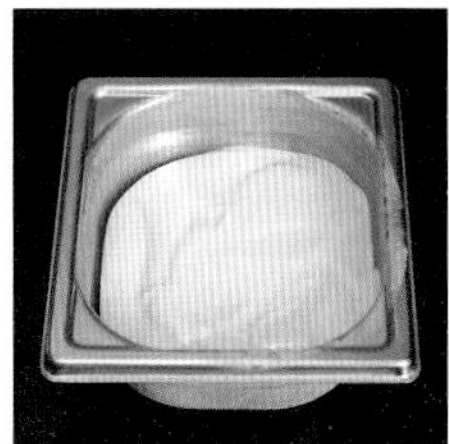

麹甘酒のアイスクリーム

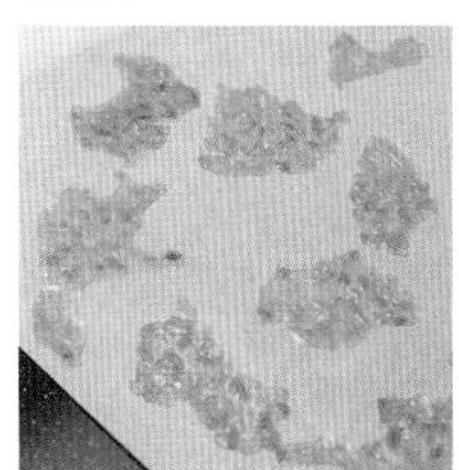

麹甘酒のチュイール

composant 1

麹甘酒のブラマンジェ

Blanc-manger à l'*Amazaké*

材料　5人分

A｜麹甘酒（2倍濃縮タイプ・無加糖）……225g
　｜牛乳……105g
　｜グラニュー糖……30g
　｜塩……1g

板ゼラチン……4.5g

生クリーム（乳脂肪分35%）……95g

作り方

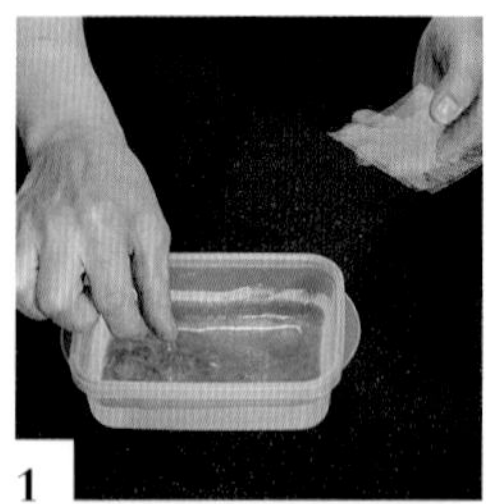

1

板ゼラチンは氷水でもどしておく。

2

鍋に **A** を混ぜて火にかけ、沸騰したらボウルに移す。

3

粗熱がとれたら、水気を絞ったゼラチンを加えて溶かし、底を氷水に当てて混ぜながら冷やす。

4

生クリームは六分立てにし、**3** に入れて手早く混ぜ合わせる。ラップをして冷蔵庫で冷やし固める。

composant 2

麹甘酒のアイスクリーム

Crème glacée à l'*Amazaké*

材料　10人分

A｜麹甘酒（2倍濃縮タイプ・無加糖）……250g
　｜牛乳……160g
　｜水あめ……30g
　｜塩……0.5g

B｜グラニュー糖……75g
　｜安定剤……4g

作り方

1

鍋に **A** を入れて混ぜ、50℃ほどに温める。混ぜ合わせた **B** を加え、沸騰させる。

2

ボウルに移し、底を氷水に当てて混ぜながら冷やす。アイスクリームマシンにかける。

composant 3

麹甘酒のチュイール

Tuiles à l'*Amazaké*

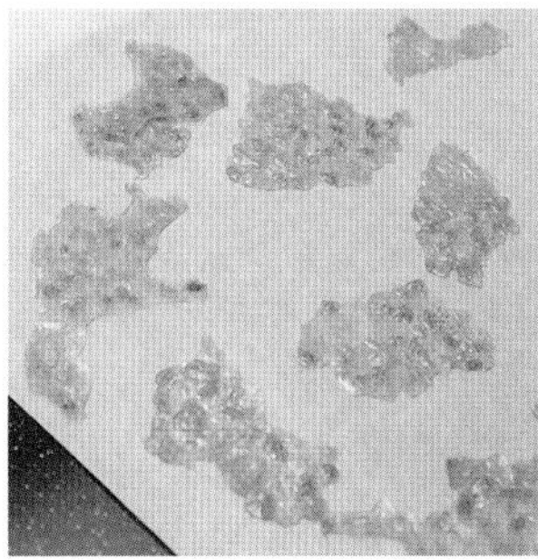

材料　8人分

麹甘酒（2倍濃縮タイプ・無加糖）……50g

トレハロース ……25g

作り方

1

ボウルに麹甘酒とトレハロースを入れ、ゴムべらでよく混ぜ合わせる。

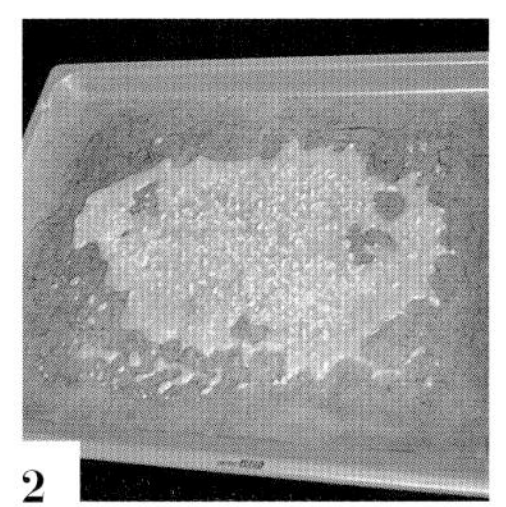

2

ベーキングシートを敷いた天板の上に**1**をあけ、パレットナイフで薄く伸ばす（中に入っている米粒よりも薄くのばす。穴があいてもよい）。

3

100℃に予熱したオーブンに**2**を入れ、3時間以上焼く。水分が飛んでパリッとした飴状になったら焼き上がり。

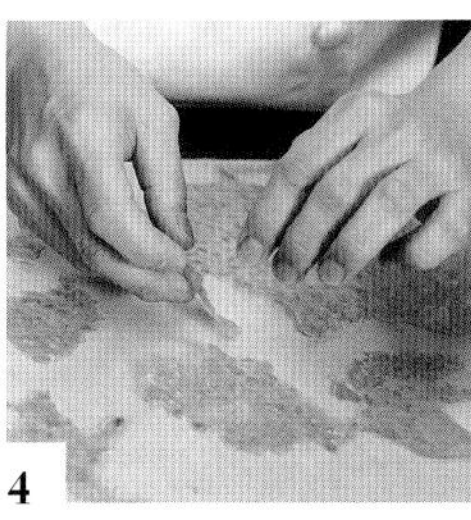

4

大きめのベーキングペーパーを用意し、その上にシートを裏返して置き、シートをはがす。そのまま冷まし、5cm大に割る。

composant 4

フランボワーズのソース

Sauce de framboises

材料　6人分

フランボワーズピューレ ……100g

シロップ（グラニュー糖と水を1:1の割合で沸騰させて冷ましたもの）……20g

作り方

1　フランボワーズピューレとシロップを混ぜ合わせる。

[組み立て・盛り付け]

材料 仕上げ用

フランボワーズ ……1人分につき3個

銀箔 ……ひとつまみ

1

盛り付け用の器に、麹甘酒のブラマンジェを大きめのスプーンで山盛り2杯（約80g）盛る。

2

クネル型にとった麹甘酒のアイスクリームを盛る。

3

手前にフランボワーズのソースをかけ、フランボワーズを飾る。

4

バランスをみて銀箔を散らす。麹甘酒のチュイールを立てかける。

黒糖のサブレとクロカン

Sablés au *Kokuto* et croquants

南国生まれの黒糖は、ミネラルを豊富に含むとても風味の強い甘味料。
味が単調にならないように、バニラソルベには酸味のあるサワークリームを加え、
仕上げに岩塩をふった。はと麦のクロカンは雷おこしからヒントを得たもの。
サブレはあえて成形せず、サラサラとした粉末状の黒糖のように仕上げた。

使用する和素材について

黒糖

Kokuto
Sucre de canne brun

DATA

主な産地	沖縄県、鹿児島県（奄美地方）
保存方法	密閉容器や密閉袋に入れて冷暗所で保存。黒っぽく変色して劣化することもあるので、早めに使い切る

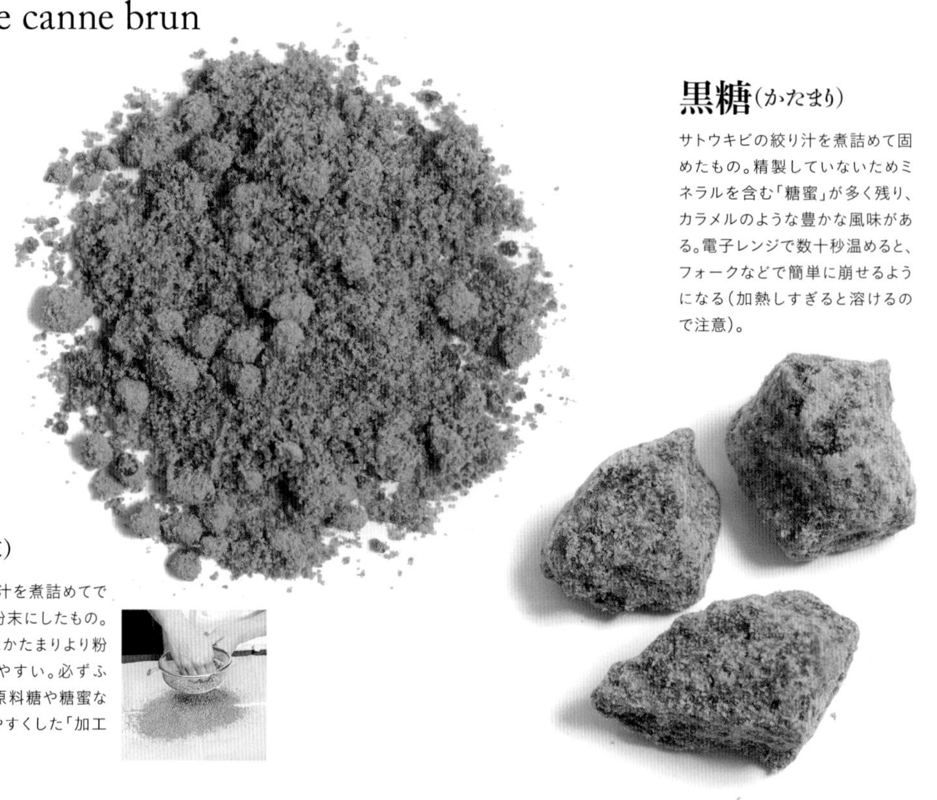

黒糖（かたまり）

サトウキビの絞り汁を煮詰めて固めたもの。精製していないためミネラルを含む「糖蜜」が多く残り、カラメルのような豊かな風味がある。電子レンジで数十秒温めると、フォークなどで簡単に崩せるようになる（加熱しすぎると溶けるので注意）。

黒糖（粉末）

サトウキビの絞り汁を煮詰めてできたかたまりを、粉末にしたもの。デザート作りにはかたまりより粉末のほうが使いやすい。必ずふるってから使う。原料糖や糖蜜などを加えて溶けやすくした「加工黒糖」もある。

◉ デザートに使う時のポイント

仕上がりの「色」に注意

フルーツは何でも合うが、黒糖と一緒に調理すると色が真っ黒になってしまう。黒糖はアイスやサブレに加工してから、フルーツに添えるなど工夫する。

香ばしいものを合わせて

はと麦などの炒ったものやナッツ類に合う。黒糖を使ったキャラメリゼは、焦げやすく、炭のようになってしまうので不向き。

アクは取りすぎない

煮溶かすとアクが出てくるが、必要以上にアクを除くと、黒糖特有の風味がなくなってしまうので、ほどほどにとどめる。

◉ 使用例

サブレなどの焼き菓子やアイスに入れたり、溶かしてソースに使ったり、仕上げに振って風味を楽しんでも。

黒糖のサブレ

黒糖のアイス

composant 1

黒糖のサブレ
Sablés au *Kokuto*

材料　作りやすい分量

バター 40g

薄力粉 80g

A｜黒糖（粉末）......40g
　｜塩 0.5g

作り方

1

バターは1cmのサイコロ状に切り、冷蔵庫で冷やしておく。

2

薄力粉はふるい、**A**も粗めの万能漉し器などでふるい、ともにボウルに入れる。泡立て器で軽く混ぜる。

3

2に冷えたバターを入れ、カードで切りながら粉類と混ぜ合わせる。

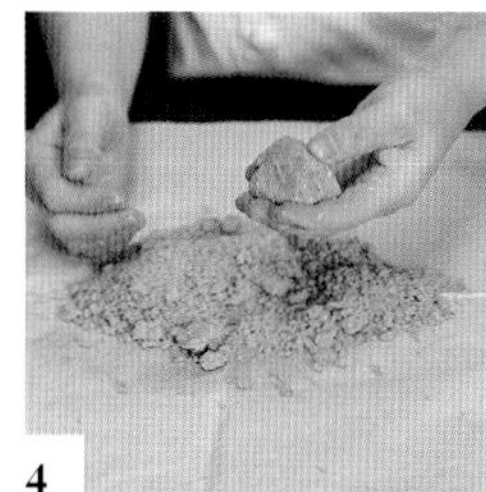
4

オーブンペーパーなどの上に移し、手でこすり合わせて細かい砂状にする（＝サブラージュ）。生地を片手でぎゅっと握ってみて、バターのかたまりが見えなくなったらOK。

5

ベーキングシートを敷いた天板に広げ、160℃に予熱したオーブンで15分ほど焼く（途中、7分焼いたところで、天板の奥と手前を入れ替える）。

6

取り出してそのまま冷ます。手で大きく割り、スプーンなどで崩す。

composant 2

黒糖のアイスクリーム
Crème glacée au *Kokuto*

材料　8人分

A｜牛乳 250g
　｜生クリーム（乳脂肪分35%）......50g

B｜卵黄 70g
　｜黒糖（粉末）......60g

作り方

1

Bの黒糖は粗めの万能漉し器などでふるっておく。

2

鍋にAを入れ、沸騰直前まで温める。

3

ボウルにBを入れて泡立て器で混ぜ、2の半量を加えて混ぜる。それを鍋に戻し、全体を混ぜながら83℃まで温める。

4

漉し、底を氷水に当てて冷やす。完全に冷えたらアイスクリームマシンにかける。

composant 3

バニラのソルベ

Sorbet à la vanille

材料 10人分

- A
  - 牛乳 450g
  - 水あめ 60g
  - バニラビーンズのさやと種 1/2本分
- グラニュー糖 80g
- 安定剤 3g
- サワークリーム 35g

作り方

1 グラニュー糖の一部（1/4量ほど）に安定剤を加えて混ぜ合わせておく。

2 鍋に、A、1の残りのグラニュー糖入れて温める。1を加え、混ぜながら沸騰させる。

3 漉し、底を氷水に当てて完全に冷やす。

4 サワークリームを加え、ハンドブレンダーでよく混ぜる。アイスクリームマシンにかける。

composant 4

黒糖とはと麦のクロカン

Croquants de larmes de Job au *Kokuto*

材料 8人分

- はと麦（焙じ粒）* 100g
- A
  - 黒糖（粉末）......30g
  - サラダオイル 32g
  - 塩 1g
  - はちみつ 36g

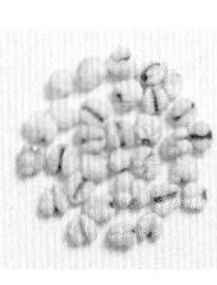

* はと麦（焙じ粒）

はと麦の皮を除いて焙煎したもの。シリアルのようにそのまま食べられる

作り方

1

ボウルにはと麦を入れておく。

2

鍋に **A** を入れて弱火で温め、ゴムべらで混ぜて黒糖を溶かしながら乳化させる。この時、火加減が強いと煮詰まってしまうので注意。

3

なめらかに混ざったら、熱いうちに 1 のボウルに入れ、全体に絡ませる。

4

ベーキングシートを敷いた天板に広げ（はと麦 1 粒の厚みに広げる）、160℃に予熱したオーブンで 15 分ほど焼いて乾燥させる。天板を取り出してそのまま冷ます。

［ 組み立て・盛り付け ］

材料　仕上げ用

黒糖（粉末・かたまり）……各適量

岩塩またはフルール・ド・セル* ……ひとつまみ

* フランス語で「塩の花」を意味する大粒の天然海塩

1

盛り付け用の皿（リムが大きく深みがあるもの）に、黒糖のサブレを20gほど盛る。リムの一部に黒糖を茶漉しなどでふる。

2

クネル型にとった黒糖のアイスクリームと、バニラのソルベをのせ、大きめに割った黒糖とはと麦のクロカン2枚を飾る。

3

アイスの上に、粗く挽いた岩塩と、小さくカットした黒糖のかたまりを散らす。

和三盆のパンナコッタ、サクリスタン

Panna cotta au *Wasanbon*, sacristains

和三盆のパンナコッタに、酸味のあるすもものコンフィチュールを重ね、
ベージュ×赤のコンビに。添えたサクリスタンは、
パンナコッタをつけながら食べてもよい。
サクリスタンの代わりにグリッシーニを添えても楽しめる。

和三盆

Wasanbon
Sucre de canne fin

和三盆

サトウキビの中でも竹糖という品種を用い、伝統的な製法で作られている砂糖。パウダー状のサラッとした口溶けと、深みのある上品なコクが特徴で、高級和菓子に使われることが多い。

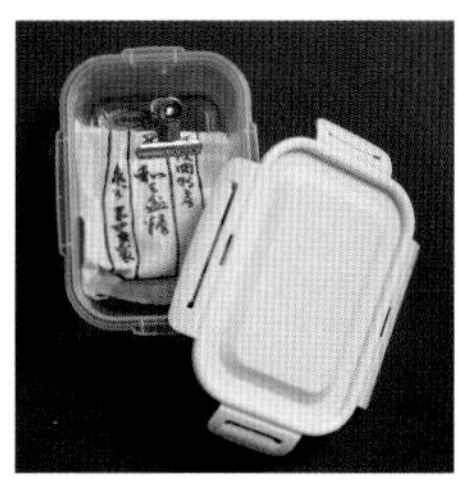

保存はしっかりと

和三盆は粒子が細かく、湿気りやすいので、保存はしっかりと。袋の口を閉じてから、乾燥剤とともに密閉容器に入れて保存する。

◉ デザートに使う時のポイント

粒子の細かさを生かす

和三盆はパウダー状で、形状としては粉糖に近く、黒糖をマイルドにしたような風味を持つ。その魅力を最大に生かす使い方を。細かい粒子を生かして仕上げに振ったり、アイシングにも使える。

色のコントラストを考える

和三盆の味を引き立てようとすると、量をそれなりにたくさん使う。色も薄茶色っぽくなるので、色のコントラストも考えて、合わせるものを決めるとよい。

DATA

原料	サトウキビ(竹糖)
主な産地	香川県、徳島県
保存方法	袋の口を閉じ、乾燥剤とともに密閉容器に入れる

COLONNE

「和三盆」の名前の由来

もともとの名前は「三盆糖」。名の由来は諸説あるが、昔は砂糖の精白のために「盆」を用いて三度研いだから、という説がもっともらしい。現代でもその手法は受け継がれ、手間ひまかけて作られている。

◉ 使用例

甘味料なので何にでも使えるが、できれば、特有の上品な風味が伝わりやすいものに加工したい。シンプルなパンナコッタの甘みづけや、サブレの仕上げにまぶすなど。

和三盆のパンナコッタ

和三盆とすもものコンフィチュール

和三盆のサクリスタン

和三盆のサブレ

composant **1**

和三盆のパンナコッタ

Panna cotta au *Wasanbon*

材料 直径4cmの円柱グラス4個分

板ゼラチン ……3g

生クリーム（乳脂肪分35%）……250g

和三盆 ……50g

作り方

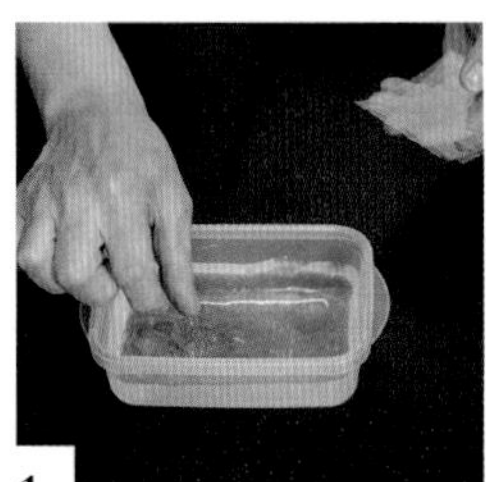

1 板ゼラチンは氷水でもどしておく。

2 鍋に生クリームと和三盆を入れて火にかけ、45～50℃まで温める。火を止め、水気を絞ったゼラチンを加えて混ぜながら溶かす。

3 漉しながらボウルに移す。ボウルの底を氷水に当て、混ぜながら固まる直前まで冷やす。この時しっかり冷やさないと、後で冷蔵庫で冷やした時に生クリームが分離してしまうので注意。

4 グラスに等分に流し入れ、冷蔵庫で冷やし固める。

composant **2**

和三盆とすもものコンフィチュール

Confiture de *Wasanbon* au prunes japonaises

材料 6人分

すもも ……200g

和三盆 ……100g

ペクチンNH ……6g

作り方

1 すももは皮付きのまま真ん中にぐるりと一周ナイフを入れ、実をひねって半割りにし、種を除く。八つ割りにしてから1cm幅に切る。

2 和三盆の1/5量ほどをペクチンと混ぜ合わせておく。

3 鍋に、残りの和三盆と**1**を入れ、火にかける。煮立ったら**2**を加えて混ぜ、中火でとろみとツヤが出るまで煮る。

4 ボウルに移し、底を氷水に当てて冷ます。

composant 3

和三盆のサクリスタン

Sacristains au *Wasanbon*

材料　20本分

フィユタージュ・アンヴェルセ（右記参照・15cm×25cmに切ったもの）……1枚

卵白……適量

アーモンドダイス……適量

和三盆……適量

作り方

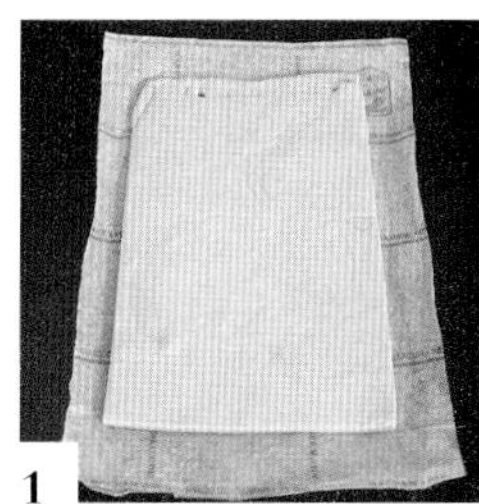

1

フィユタージュ・アンヴェルセを冷蔵庫から取り出し、オーブンペーパーにのせる。

2

表面にできるだけ薄く卵白を塗り、全体にアーモンドダイスをふって茶こしで和三盆をふり、軽く手で押して接着させる。

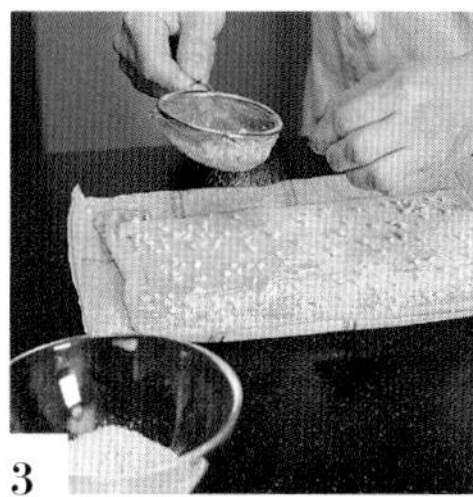

3

生地を裏返し、2と同様に、卵白を薄く塗ってアーモンドダイスと和三盆をふり、手で押して接着させる。

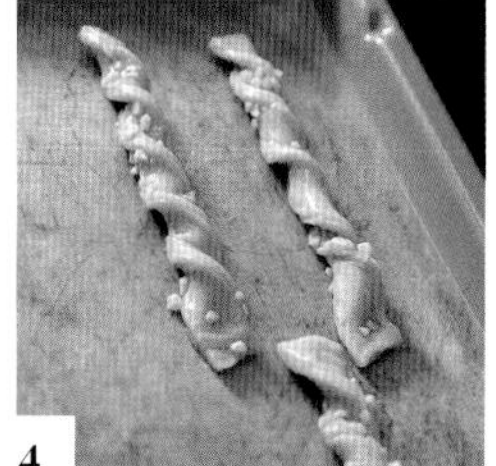

4

15×1.5cmの長方形に切り分け、一本ずつねじる。

5

ベーキングシートを敷いた天板に並べ、170℃に予熱したオーブンで25分ほど焼く。取り出してそのまま冷ます。

フィユタージュ・アンヴェルセ

Feuilletage inversé

材料　作りやすい分量

A
- バター……225g
- 薄力粉……45g
- 強力粉……45g

B
- 薄力粉……110g
- 強力粉……100g
- 塩……8g
- 溶かしバター……68g
- 水……85g

作り方

1 製菓用ミキサーのボウルにAを入れ、パレットで混ぜる。まとまったら取り出して四角形に整え、ラップで包んで冷蔵庫で最低2時間寝かせる。

2 Bも同様に製菓用ミキサーで混ぜ、Aと同じ大きさの四角形に整えてラップで包み、冷蔵庫で最低2時間寝かせる。

3 Aの生地を、Bの2倍の長さになるように麺棒で縦長に伸ばす。

4 Aの生地の手前にBを重ねて置き、Aを向こう側から手前に折りたたみ、左右と手前の端を閉じてBの生地を完全に包み込む。

5 4を前後に伸ばして三つ折りにする。生地を90度回転させ、再び前後に伸ばして今度は四つ折りにする。同様にして三つ折り、四つ折りをもう1回ずつ繰り返す。

6 生地を3mm厚さに伸ばし、ラップで包んで冷蔵庫で2時間寝かせる。

〚 組み立て・盛り付け 〛

材料 仕上げ用

和三盆 ……適量

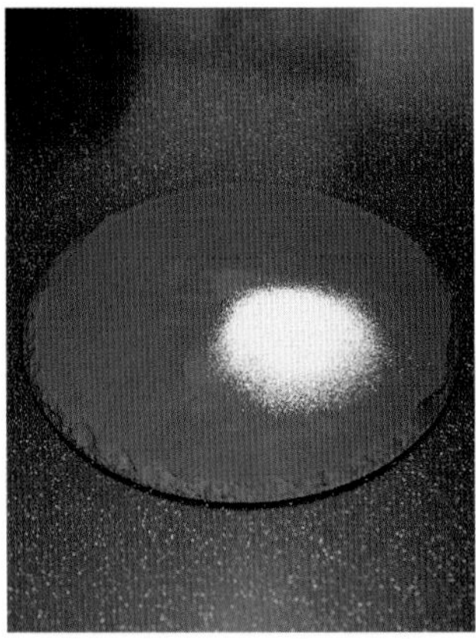

1
盛り付け用の皿の右側に、茶こしで円形に和三盆をふる。

2
パンナコッタを冷やし固めたグラスに、和三盆とすもものコンフィチュールを40g入れる。皿の左上に置く。

3
1の上に和三盆のサクリスタンを2本置く。

#4

米の粉

Farine de riz

白玉とりんごのクレープ

Crêpe de *Shiratama* et pommes

白玉粉入りのもちっとしたクレープ生地は、外側がカリッとするくらい
よく焼くのがコツ。具のひとつとして使った白玉だんごは淡白な味わいだが、
組み合わせるものによって多様に変化がつけられるのがいいところ。
生地にフルーツピューレを練り込んでも面白い。

白玉粉

餅米を吸水させて挽き、流水でさらした後に沈殿物を乾燥させたもの。求肥、白玉だんご、桜餅などに使われる。寒い中で10日間ほど水にさらすため「寒ざらし粉」の別名もある。

白玉粉

Shiratama
Farine de riz gluant

DATA

原料	餅米
保存方法	密封し、直射日光の当たらないところに保存

原料は餅米

餅米が原料なので、うるち米を原料にした上新粉などに比べると、つるっとしたなめらかな食感で、のびがある。

◉ デザートに使う時のポイント

固くならないうちに提供する

白玉粉や上新粉、餅粉など、米の粉で作ったものは、生地に砂糖を入れない場合、翌日には固くなってしまうので注意。白玉だんごは作ったら氷水に軽く浸して保存し、その日のうちに提供する。

色で魅せるやり方も

白玉だんごは味が淡白なので、練り込むものを変えれば色々とアレンジがきく。食紅などで色をつけ、カラフルに仕上げてもよい。

◉ 使用例

生地ものに混ぜて焼く

クレープやロールケーキの生地などに混ぜ込んで焼くと、もちっとした食感になる。フルーツのベニエの生地に使っても。

クレープ生地

白玉だんごの洋風アレンジ

和菓子ではおなじみの白玉だんご。生地に抹茶やコーヒー、フルーツのピューレなどを練り込んでも面白い。

白玉だんご

composant 1

クレープ生地

Pâte à crêpes au *Shiratama*

材料 直径18cmの生地10枚分

白玉粉 50g
牛乳 250g
全卵 50g
A 薄力粉(ふるう) 60g
　塩 0.3g
　グラニュー糖 10g
　レモンの皮 1/2個分
　バニラビーンズの種 1/4本分
溶かしバター 30g
バター(焼き用) ......適量

作り方

1

ボウルに白玉粉、1/4量ほどの牛乳を入れ、ボウルにゴムべらをこすりつけて白玉粉のかたまりをつぶしながらなめらかになるまで混ぜる。

2

残り3/4量の牛乳は耐熱ボウルに入れて人肌に温め、全卵を加えて混ぜ合わせる。

3

別のボウルに**A**を混ぜ、**2**を少量加え、泡立て器でよく混ぜて小麦粉のグルテンを出してから、残りを少しずつ加えて混ぜる。

4

続いて**1**を加えて混ぜ、最後に溶かしバターを加えてよく混ぜて乳化させる。ラップをして冷蔵庫で1時間ほど冷やす。

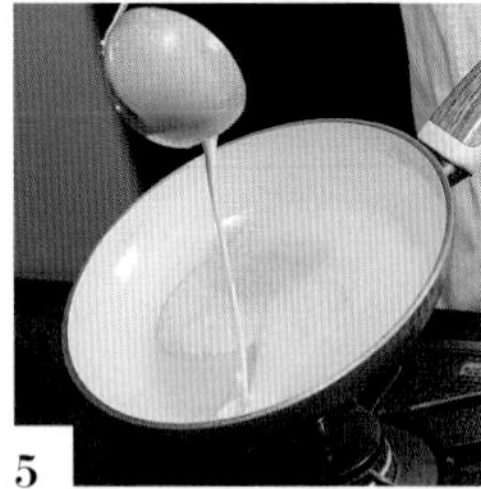
5

直径24cmのフライパンに弱火でバターを少量溶かして全体に広げ、紙でさっと拭く。**4**の生地をレードルで混ぜてから*70〜80g流し、すぐにフライパンを傾けて回し、広げる。

* 粉が下に沈んでいるため、必ず混ぜてから焼く

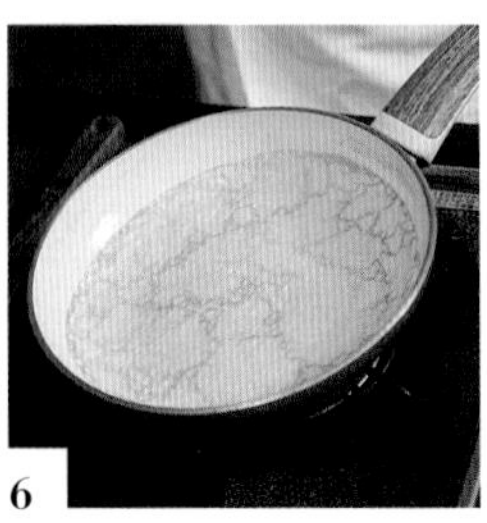
6

ふちが軽く焼き色がついたら、裏返して焼く。残りの生地も同様に焼く。

composant 2

りんごと梨のマルムラード

Marmelade pomme / poire japonaise

材料 6人分

りんご 140g
梨 140g
レモン汁 20g
バニラビーンズのさやと種 1/4本分
シナモンパウダー 1g
A グラニュー糖 20g
　ペクチンNH 2g

作り方

1 りんごと梨は皮と芯を除き、1cm 角に切る。

2 鍋に、1、レモン汁、バニラビーンズ、シナモンパウダーを入れ、時々混ぜながら半分ほど透き通るまで煮る。

3 混ぜ合わせた A を加えて再び沸騰させる。火から下ろし、そのまま冷ます。

composant 3

バニラアイスクリーム

Crème glacée à la vanille

材料 作りやすい分量

A 牛乳 240g
生クリーム(乳脂肪分35%) 160g
バニラビーンズのさやと種 1/2本分

卵黄 120g

グラニュー糖 80g

作り方

1 鍋に A を入れ、沸騰直前まで温める。

2 ボウルに卵黄とグラニュー糖を入れて泡立て器で混ぜ、1 を加えて混ぜ合わせる。

3 2 を鍋に戻し入れ、中火にかけて混ぜながら 83℃まで温める。

4 漉しながらボウルに入れ、底を氷水に当てて混ぜながら冷やす。アイスクリームマシンにかける。

composant 4

白玉とりんごのキャラメリゼ

Shiratama et pommes caramélisés

材料 直径18cmの生地5枚分

白玉だんご〈P138参照〉 ......適量

りんご 1個

グラニュー糖 30g

レモン汁 10g

ブランデー 10g

作り方

1

りんごは皮と芯を除き、8～12等分のくし形に切る。フライパンにグラニュー糖をふって中火にかけ、濃いキャラメル色になったらりんごを入れ、大きく混ぜて絡ませる。

2

レモン汁を加えて混ぜる（りんごをやわらかく仕上げたい場合は、この時、水適量を加えて軽く煮てもよい)。白玉だんごとブランデーを加えてフランベする。

白玉だんご

Boules de *Shiratama*

材料 25個分

白玉粉 100g

A | プレーンヨーグルト 40g
　 | 水 50g

作り方

1 **A**はよく混ぜ合わせておく。ボウルに白玉粉、3/4量ほどの**A**を入れて手で混ぜ、こねる。残りを少しずつ加えてそのつどこね、耳たぶくらいのかたさになるように調整する。

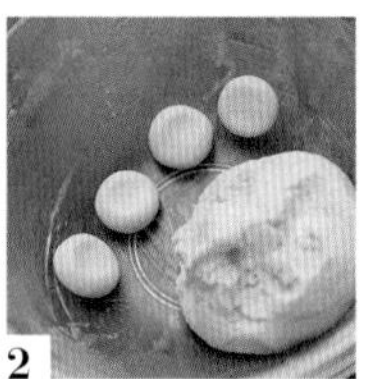

2 **1**をちぎって2cm大に丸め、やや平らになるように手のひらで押し、中央を軽くくぼませる。

3 熱湯でゆで、浮いてきたら氷水にとる。仕上げまでに少し時間があく時は、氷水に入れたまま冷蔵庫で保存する。

[[組み立て・盛り付け]]

材料 仕上げ用

粉糖 ......適量

シナモンパウダー ......適量

1

クレープ生地はフライパンで両面を軽く温める。四方の生地を内側に折り込んで正方形にし、盛り付け用の皿にのせる。

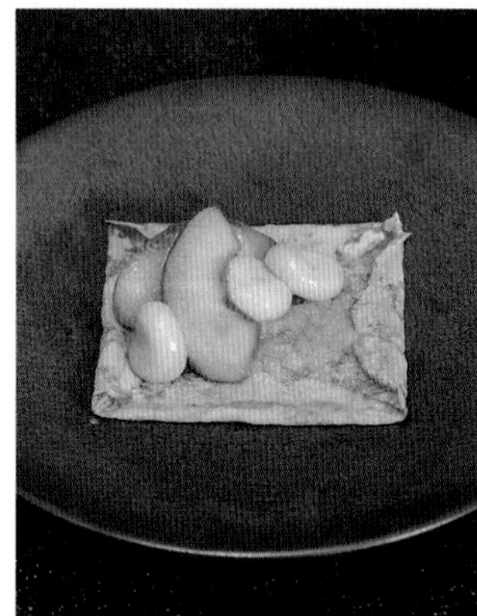

2

クレープ生地の上にりんごと梨のマルムラードをたっぷり塗り、一部をあけて白玉とりんごのキャラメリゼを盛る。

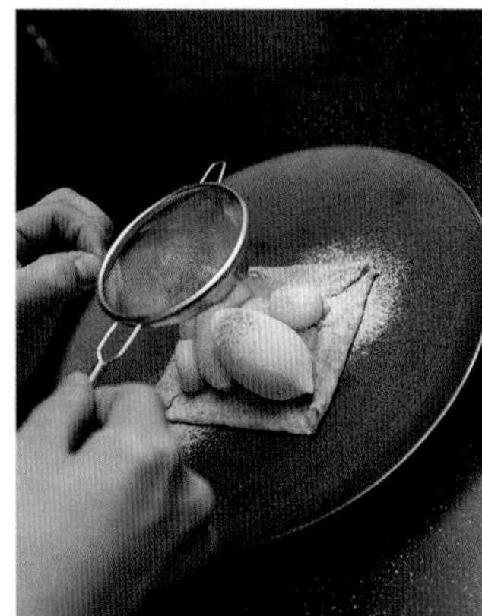

3

2のあけた部分に、クネル型にとったバニラアイスクリームをのせる。クレープ生地の2つの角に粉糖をふり、アイスの上にシナモンパウダーをふる。

道明寺粉のジュレ、チュロス

Gelée au *Domyoji* et ses churros

ジュレの中に道明寺粉の白い粒が舞う、ファンタジックなクープは、
和菓子の「道明寺かん」に発想を得たもの。
チュロスは、生地の中に道明寺粉が混ぜ込んであり、
揚げるとところどころ揚げ餅のような食感になって面白い。

使用する和素材について

道明寺粉

Domyoji
Riz gluant séché écrasé

道明寺粉

浸水して蒸した餅米を、乾燥させて粗めに割ったもの。千年以上前に、大阪・藤井寺市にある尼寺、道明寺で作られた保存食「道明寺糒（ほしい）」が元になっている。

原料は餅米

餅米が原料なのでもちっとした食感。

◉ デザートに使う時のポイント

粒の大きさは好みで

道明寺粉は、粒が粗いほうから、全粒、2ツ割（1/2に割ったもの）、3ツ割、4ツ割などがある。粗いものはモチモチした食感で、細かいものはなめらかな食感。好みで選ぶ。

水分量と加熱時間でやわらかさが変わる

やわらかい食感が好きな人は、合わせる水分や、加熱時間を多めにする。ジュレ〈P141〉などに入れる場合は、時間が経つごとに水分を吸ってボテッとしてくるので、それを見越して少し固めに仕上げておく。

DATA

原料	餅米
保存方法	密封し、直射日光の当たらないところに保存

COLONNE

道明寺桜餅

関西の桜餅には道明寺粉が使われている。ピンク色に色付けした道明寺粉であんが包まれている。

◉ 使用例

やわらかくもどして使う

道明寺粉を水でやわらかくもどし、ジュレなどに混ぜる。もどす時にレンジ加熱したり、鍋で軽く煮たりしておくと、芯までやわらかくなる。

道明寺粉のジュレ

生地に混ぜる

生地に混ぜて揚げても。その場合も、湯でもどした道明寺粉を使うと芯が残りにくい。

道明寺粉のチュロス

炒ってあられに

フライパンに乾燥したままの道明寺粉を入れ、茶色く色づくまで弱火で炒ると、香ばしいあられに。

道明寺粉のあられ

そのまま揚げて

乾燥したままの道明寺粉をサラダ油などで揚げれば、白い揚げあられに。揚げ衣にも使える。

道明寺粉の揚げあられ

composant 1

道明寺粉のジュレ

Gelée de *Domyoji*

材料　5〜6人分

A
- 道明寺粉（2ツ割）……30g
- 水……50g

B
- 水……170g
- レモン汁……30g
- グラニュー糖……85g

板ゼラチン……5g

作り方

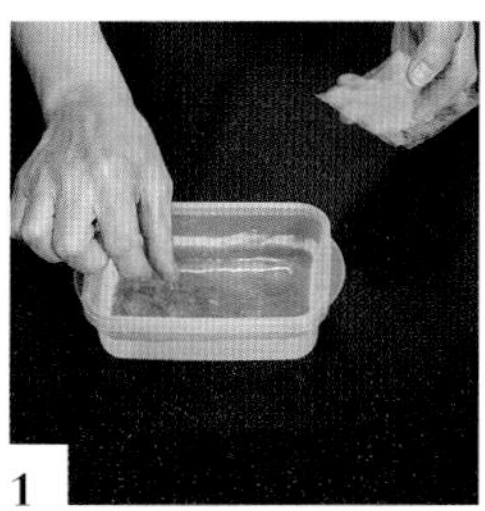

1 板ゼラチンは氷水でもどしておく。

2 耐熱容器に **A** を入れ、1000W の電子レンジで 15 秒ほど加熱する。取り出してラップをかけ、そのまま 30 分ほどおいて蒸らす。

3 鍋に **B**、**2** を入れて温め、水気を絞ったゼラチンを加えて溶かす。

4 ボウルに移し、底を氷水に当てて混ぜながら冷やす。

composant 2

道明寺粉のチュロス

Churros au *Domyoji*

材料　15〜18人分

A
- 道明寺粉（2ツ割）……30g
- 熱湯……60g

B
- 牛乳……65g
- 水……65g
- バター……50g
- 塩……3g
- グラニュー糖……3g

薄力粉……100g

全卵……85g

C
- グラニュー糖……適量
- シナモンパウダー……適量

揚げ油（サラダ油）……適量

作り方

1 耐熱容器に **A** を入れてそのまま 30 分おいて蒸らし、ざるで水気をきっておく。

2

シュー生地を作る。鍋にBを入れて沸騰させる。一度火を止め、ふるった薄力粉を加えてゴムべらで混ぜ合わせる。

3

再び中火にかけ、よく混ぜて全体に火を通し、粉っぽさを飛ばす。

4

3をボウルに移す。溶きほぐした全卵を少しずつ加えてそのつど混ぜ合わせ、最後に1の道明寺粉を加える。

5

トレーにCのグラニュー糖とシナモンパウダーを合わせておく。

6

絞り袋に星口金をつけて4を入れ、180℃に熱した揚げ油に、食べやすい長さに絞って入れ、絞り終わりをキッチンばさみで切る。きつね色に揚げる。

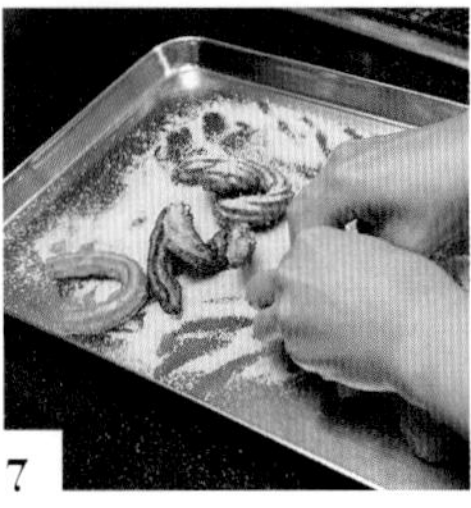

7

油をきり、5のトレーに入れてシナモンシュガーをまぶす。

composant 3

いちごのマルムラード

Marmelade de fraises

材料 6人分

いちご 200g

シナモンスティック 1本

レモン汁 10g

A | グラニュー糖 20g
　| ペクチンNH 4g

作り方

1 いちごはへたの固い部分をカットし、四つ割りにする。Aは混ぜ合わせておく。

2 鍋に、いちご、シナモンスティック、レモン汁を入れ、時々ゴムべらで混ぜながら、いちごがやわらかく崩れるまで煮る。

3 Aを加えながら混ぜ、沸騰させる。そのまま冷ます。

composant 4

バニラのソルベ

Sorbet à la vanille

材料 15〜16人分

A
- 牛乳 450g
- 生クリーム（乳脂肪分35%）......50g
- 水あめ 60g
- バニラビーンズのさやと種 1/2本分

B
- グラニュー糖 30g
- 脱脂粉乳 20g
- 安定剤 2g

練乳 80g

作り方

1 鍋に **A** を入れて温める。混ぜ合わせた **B** を加え、85℃まで温める。

2 **1** を漉しながらボウルに入れ、練乳を加えて混ぜ合わせる。

3 底を氷水に当てて混ぜながら冷やし、アイスクリームマシンにかける。

[組み立て・盛り付け]

材料 仕上げ用

いちご 1人分につき3個

1

いちごはへたを除き、半量を半割りに、残りを4ツ割りにする。バニラのソルベは大きめのスプーンで40gほど取り、丸く成形してグラスの中に入れる。その上にいちごのマルムラードを30g入れる。

2

さらに道明寺粉のジュレを40g入れ、切ったいちごをのせる。

3

盛り付け用の皿に、**2** と、道明寺粉のチュロスを盛る。

上新粉のチップス、チョコレートとピーナッツ

Chips de *Joshinko*, chocolat et cacahouètes

米粉のひとつである上新粉を使ったチップスが主役。
リヨン地方の揚げ菓子「ヴューニュ」からヒントを得た。
目の詰まった生地なので、薄く伸ばすことで軽めに仕上げている。
瓦せんべいのような独特の食感が面白い。

使用する和素材について

上新粉

Joshinko
Farine de riz

DATA

原料	米(うるち米)
保存方法	密封し、直射日光の当たらないところに保存。非加熱の粉で虫がつくことがあるため早めに使う

上新粉

精白した生のうるち米を洗って乾かし、粉砕した粉。どっしりとしたコシがあり、粘りは少なく歯切れが良いのが特徴。だんご、ういろう、すあま、せんべいなどに使われる。上新粉よりもさらに粒子を細かくした上用粉もある。

原料はうるち米

上新粉の原料は、日本人の主食であるうるち米。餅米に比べると味わいはあっさりめ。

◉ デザートに使う時のポイント

グルテンフリーをアピールしても

上新粉は米粉なのでグルテンフリー。その点をアピールポイントにして、デザートの構成を考えてもよい。

粉ものの食感はブレンドで調整

上新粉は小麦粉の代用として何でも使えるが、米粉なのでもちっとして目の詰まった生地になる。軽さを出したいなら、小麦粉やコーンスターチを混ぜて使ってもよい。

だんごはその日のうちに提供

上新粉で作っただんごは、翌日には固くなってしまうので、作ったらその日のうちに提供する。

◉ 使用例

粉として使う

ジェノワーズ(スポンジ生地)、上新粉のチップス〈P146〉、サブレ、パンなど、粉類に混ぜて使う。

上新粉のチップス

アレンジだんごに

上新粉の定番であるだんごは、生地にカカオパウダーや抹茶、ピーナッツバター、すりおろした柑橘類の皮などを練りこんでも。上新粉とともに熱湯で練り、約15分蒸し、麺棒でついて弾力を出し、丸めて完成。生地に砂糖を練り込むと、時間が経ってももそっとしにくくなる。

アレンジだんご

composant 1

上新粉のチップス

Chips de *Joshinko*

材料　18人分

A
- 上新粉 100g
- 塩 2g
- グラニュー糖 10g
- 全卵 56g
- すりおろしたレモンの表皮 1/4個分
- すりおろしたオレンジの表皮 1/4個分

バター 14g

揚げ油（サラダ油）......適量

作り方

1
バターは常温にもどしておく。ボウルに**A**をすべて合わせてカードで混ぜる。

2
1を手でこねてから最後にバターを加えて混ぜ、ひとまとめにする。

3
2を30 × 50cmのOPPフィルム2枚ではさみ、麺棒で1mm厚さにのばす。表面1枚のOPPフィルムをはがし、15分ほど（生地が扱いやすくなるまで）おいて表面を乾かす。

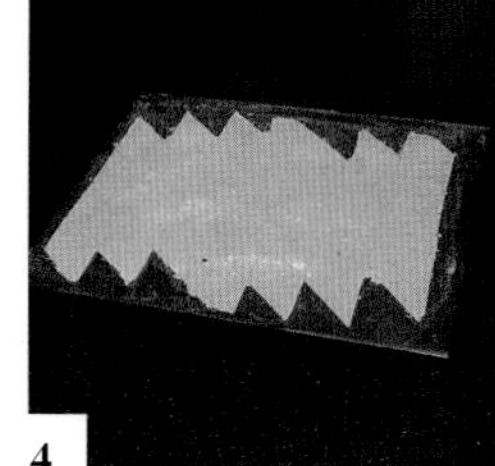

4
裏面のOPPフィルムをはがし、5cm大ほどのひし形に切り分ける。

5
180℃に熱した揚げ油できつね色に揚げる。

composant 2

ソルベ・ショコラ

Sorbet au chocolat

材料　12人分

ブラックチョコレート 115g

カカオマス 110g

牛乳 500g

水あめ 60g

A
- グラニュー糖 60g
- 安定剤 2g

作り方

1 **A**は混ぜ合わせておく。

2 ボウルに、ブラックチョコレートとカカオマスを刻んで入れておく。

3 鍋に牛乳と水あめを合わせて温め、**A**を加えて混ぜ、沸騰させる。熱いうちに**2**に入れてハンドブレンダーで混ぜ、乳化させる。

4 ボウルの底を氷水に当てて混ぜながら冷やす。アイスクリームマシンにかける。

composant 3

チョコレートとピーナッツのクロカン
Croquant chocolat / cacahouètes

材料 6人分

A
- ブラックチョコレート 16g
- ミルクチョコレート 16g
- **ピーナッツのプラリネ**〈右記参照〉......20g

ロイヤルティーヌ 60g

ピーナッツ 30g

オレンジのコンフィ(市販品でもよい) 30g

作り方

1 ボウルに**A**を入れ、湯せんで溶かす。ロイヤルティーヌ、刻んだピーナッツとオレンジのコンフィを加えてよく混ぜ合わせる。

2 OPPフィルムを敷いたトレーに流し、ざっと広げる。冷蔵庫で冷やし固める。

composant 4

ピーナッツのクレーム・シャンティイ
Chantilly cacahouètes

材料 6人分

生クリーム(乳脂肪分35%) 100g

ピーナッツのプラリネ〈右記参照〉......36g

作り方

1 生クリームは六分立てにし、ピーナッツのプラリネを加えて混ぜ合わせる。

ピーナッツのプラリネ
Praliné cacahouètes

材料 作りやすい分量

ピーナッツ 100g

A
- 水 20g
- グラニュー糖 60g

作り方

1 鍋に**A**を入れて中火にかけ、120℃になるまで煮詰める。

2 火を止め、ピーナッツを加えてゴムべらで手早く混ぜ続け、ピーナッツのまわりを砂糖で白くコーティング(結晶化)させる。鍋底も白くコーティングされ、ピーナッツがパラパラになったらOK。

3 再び中火にかけ、砂糖が溶けて茶色いキャラメル状になるまで混ぜる。

4 ベーキングシートに**3**を広げ、冷ます。

5 ミルまたはフードプロセッサーにかけ、なめらかなペースト状にする。

composant 5

ソース・ショコラ
Sauce au chocolat

材料 18人分

ブラックチョコレート(カカオ分70%) 70g
ピーナッツバター(粒が入っていないもの) 20g
A 牛乳 120g
　グラニュー糖 12g
サワークリーム 15g

作り方

1 ボウルにチョコレートとピーナッツバターを入れる。沸騰させた**A**を加え、よく混ぜる。

2 サワークリームを加え、ハンドブレンダーでよく混ぜる。

3 ボウルの底に氷水を当てて冷やす。

〚組み立て・盛り付け〛

材料 仕上げ用

粉糖 ......適量

1
盛り付け用の皿にソース・ショコラを15gほど小さく敷く。その上に、チョコレートとピーナッツのクロカンを崩して25gほどのせる。

2
ソルベ・ショコラと、ピーナッツのクレーム・シャンティイをクネル型にとり、**1**の上に盛り合わせる。

3
上新粉のチップスを3枚刺し、粉糖をふる。

#5

植物の粉

Gélifiants naturels

わらび餅とみかんのディスク

Disque de *Warabimochi* et mandarines

円形に抜いたわらび餅を、ハンバーガーのように
重ねようとしたところ、本わらび餅の弾力の強さに驚き、
急遽、生地をのばしてみかんの横までかぶせるスタイルに。
ジューシーなみかんともっちりとしたわらび餅は
抜群のコンビネーション。
ビビッドな色味も気に入っている。

わらび粉

Warabi
Tubercule de fougère en poudre

原料はわらびの根
春の山菜、わらびの根を原料にしたものは「本わらび粉」と呼ばれる。根からでんぷんを採取し、乾燥して作られる。

わらび粉
本来はわらびの根から採ったでんぷんのことだが、現在では希少で高価なため、さつまいもやタピオカなどのでんぷんを混ぜたものが多い。いずれも水で溶いて加熱すると粘りが出る。

DATA

原料	わらびの根、さつまいも、タピオカなどのでんぷん
主な産地	本わらび粉は南九州、奈良県、岐阜県飛騨市
保存方法	密封し、直射日光の当たらないところに保存。かびることがあるため早めに使う

◉ デザートに使う時のポイント

本わらび餅は数時間以内に食べる
本わらび餅のもちもちした食感は常温で1時間ほどしかもたないので、出来たてを提供する。(ただし他のでんぷんなどが配合されたものはもっともつ)

もちっ、ぬちっとした食感を生かす
わらび粉の弾力は強力なので、その特徴ある食感を生かす。また、本わらび粉の配分が多いものは、わらび餅の仕上がりが茶色になるので、それを想定してデザインを考えるとよい。

◉ 使用例

練ってわらび餅に
最もオーソドックスなわらび粉の使い方。わらび粉を水などで溶き、加熱しながら練って粘りを出すと、わらび餅になる。透明のわらび餅もあるが、本わらび粉を使うと出来上がりが茶色になる。きなこなどをまぶして食べる。

▼

わらび餅

粉と混ぜてビスキュイに
わらび粉をミルで粉砕してパウダー状にし、薄力粉と混ぜて、ビスキュイやサブレにしても。ぬちっとした独特の食感になる。

▼

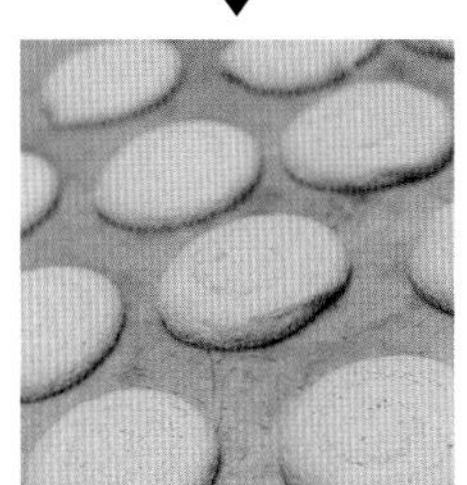

わらび粉のビスキュイ

composant 1

わらび餅

Warabimochi

材料　6〜8人分

わらび粉 50g

グラニュー糖 20g

水 120g

A
- レモン汁 20g
- 水あめ 50g
- すりおろしたレモンの表皮 1/4個分

作り方

1

鍋にわらび粉、グラニュー糖、水を入れて混ぜ、溶いておく。

2

耐熱容器に A を入れて混ぜ、電子レンジで 40℃ほどに温めて水あめをのばす。これを 1 に加えて混ぜる。

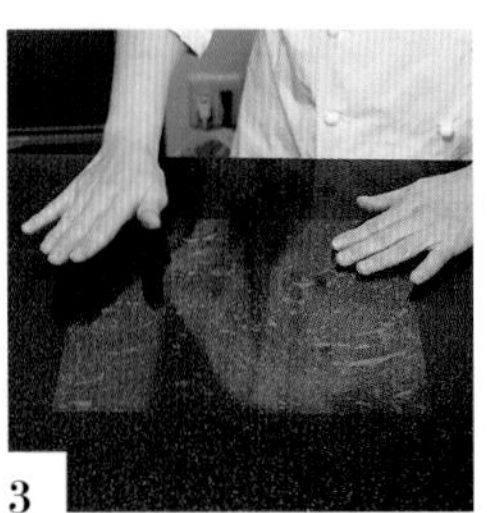

3

30cm ほどの OPP フィルムを 2 枚用意し、のし台に霧吹きでアルコールをかけて 1 枚はぴったりと貼り付けておく。

4

2 を中火にかける。絶えずゴムべらで混ぜながら加熱し、粘りが出て生地が固まってきたら、そこからさらに 2〜3 分、コシとツヤが出るまで練り続ける。

5

4 を 3 の OPP フィルムの上に取り出し、もう 1 枚のフィルムではさみ、麺棒で 2〜3mm の厚さにのばす。バットにのせて冷蔵庫で 1 時間冷やす。

6

カードを水で濡らしながら、わらび餅を少しずつ OPP フィルムから剥がす。「みかんのポシェ」〈P153〉と同じ直径のセルクルで抜く。

composant 2

わらび粉のビスキュイ

Biscuits à la cuillère au *Warabi*

材料　12〜15人分

わらび粉 40g

薄力粉 36g

卵白 100g

グラニュー糖 60g

卵黄 56g

作り方

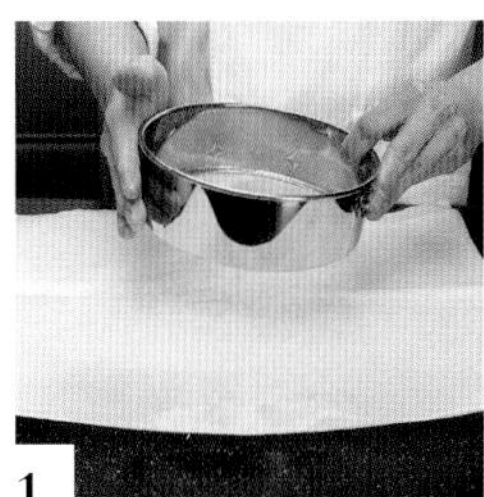
1

わらび粉はミルで粉末状にし、薄力粉と合わせてふるっておく。

2

ボウルに卵白を入れて軽くハンドミキサーにかける。グラニュー糖を加え、角がピンと固く立つかたいメレンゲを作る。卵黄、**1**の順に加え、ゴムべらでなるべく泡をつぶさないように混ぜ合わせる。

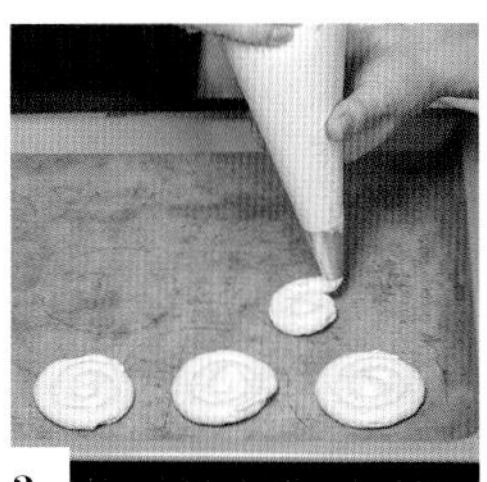
3

10mmの丸口金をつけた絞り袋に入れ、ベーキングシートを敷いた天板に、渦を巻きながら「みかんのポシェ」〈右記〉のみかんの直径よりやや小さい円形に絞る。

4

170℃に予熱したオーブンで20分ほど焼く。取り出して冷ます。

composant 3

みかんのマルムラード
Marmelade de mandarines

材料 作りやすい分量

温州みかん 正味250g

バニラビーンズのさやと種 1/4本分

レモン汁 50g

A | グラニュー糖 12g
　| ペクチンNH 5g

作り方

1 みかんは洗い、外皮ごと細かく切る。**A**は混ぜ合わせておく。

2 鍋にみかん、バニラビーンズ、レモン汁を入れて混ぜ、沸騰させる。

3 **A**を加えてバニラのさやをいったん取り出してハンドブレンダーにかけ、さやを戻して再び沸騰させる。

composant 4

みかんのポシェ
Mandarines pochées

材料 12人分

温州みかん 4個

A | 水 300g
　| グラニュー糖 60g
　| レモン汁 20g
　| コリアンダーシード（ホール） 4g

作り方

1 みかんは外皮をむき、1cmほどの厚さに横にスライスし、耐熱容器に並べておく。

2 鍋に**A**を沸騰させてシロップを作り、熱いうちに**1**に注ぐ。冷めたら、空気が入らないようにラップを貼り付けて冷蔵庫で一晩おく。

composant 5

バニラアイスクリーム
Crème glacée à la vanille

材料 15人分

A
- 牛乳 ……240g
- 生クリーム(乳脂肪分35%) ……160g
- バニラビーンズのさやと種 ……1/2本分

卵黄 ……120g

グラニュー糖 ……80g

作り方

1 鍋に**A**を入れ、沸騰直前まで温める。

2 ボウルに卵黄、グラニュー糖を入れてすり混ぜ、**1**を加えて混ぜ合わせる。それを鍋に戻し、全体を混ぜながら83℃まで温める。

3 **2**をボウルに漉しながら入れ、底を氷水に当てて混ぜながら冷やす。アイスクリームマシンにかける。

4 アイスができたら、ラップを敷いたバットに厚み1cmになるように入れ、冷凍庫で冷やし固める。「みかんのポシェ」〈P153〉の直径と同じ直径のセルクルで抜き、再び冷凍庫で冷やす。

〚 組み立て・盛り付け 〛

材料 仕上げ用

銀箔 ……適量

1

みかんのポシェはキッチンペーパーにのせて水気をきる。その上にわらび餅をのせ、ふちを引っ張ってのばしながらみかんの側面にもかぶせる。いったんトレーに置いておく。

2

盛り付け用の皿に、「みかんのポシェ」〈P153〉のみかんよりやや大きめのセルクルを置き、みかんのマルムラード15gを中に敷く。その上にわらび餅を1枚のせ、セルクルを外す。

3

わらび粉のビスキュイを、上下を返して(平らな面を上にして)**2**に重ねる。バニラアイスをのせる。

4

3の上に**1**を重ね、上に銀箔を飾る。みかんのポシェに使ったコリアンダーシードを散らす。

パッションフルーツの葛きり、葛とプラリネのフラン

Gelée de *Kuzu* au fruit de la passion, flan au *Kuzu* et praliné noisette

本葛は地元・掛川の名産品のひとつで、昔からなじみのある食材。
定番の葛きりは、トロピカルフルーツのピューレを加えて洋風アレンジに。
「粉」として焼き菓子への使い道も考え、試行錯誤した結果、
フランに似たもっちりとした食感の焼き菓子が出来上がった。

葛粉

Kuzu
Racine de Kudzu en poudre

DATA

原料	葛の根
主な産地	奈良県（吉野葛）、宮城県（白石葛）、静岡県（掛川葛）、三重県（伊勢葛）など
保存方法	密封し、直射日光の当たらないところに保存。早めに使う

葛粉

葛の根に含まれるでんぷんを水にさらし、乾燥させた粉。葛きりや葛餅、とろみづけ、葛湯、漢方薬（葛根湯）にも使われている。葛のみで作られた本葛粉のほか、じゃがいもやさつまいものでんぷんを混ぜたものもある。

注意！

出来立てを食べる

葛きりや葛餅のもちっとした食感は1〜2時間しかもたず、時間が経つと白く濁り、食感が悪くなるので出来立てを食べる。

出来立て

数時間経ったもの

原料は葛の根

葛はマメ科のつる性多年草で、秋の七草のひとつ。根に含まれるでんぷんを採取して作る。

◉ 使用例

葛きりや葛餅に

水分で溶いた葛粉を、ゆでると葛きりに、加熱しながら練ると葛餅になる。

粉に混ぜて焼いても

葛粉をミルで粉末にし、生地ものに加えて焼くと、ぬちっとした食感に仕上がって面白い。

ソースのとろみづけに

片栗粉と同じように、葛粉を水で溶いて液体に加え、加熱するととろみがつけられる。

葛きり

葛とプラリネのフラン

◉ デザートに使う時のポイント

葛きりはジュースでアレンジ

葛きりは無色透明なので、葛粉を溶く時にフルーツ果汁を加えると、色やフレーバーでアレンジできる。ただし、酵素や酸味が強すぎるものは葛が固まりにくいので注意。

もちっとした食感を生かす

葛粉の味はほとんどないので、もちっとした食感に注目し、負けない素材を合わせる。

composant 1

パッションフルーツの葛きり

Gelée de *Kuzu* au fruit de la passion

材料 8人分

葛粉 ……75g

A
- 水 ……110g
- パッションピューレ ……50g
- マンゴーピューレ ……25g
- ライム果汁 ……4g
- グラニュー糖 ……45g

作り方

1

鍋に**A**を入れて火にかけ、混ぜながら人肌に温める。

2

ボウルに葛粉を入れ、**1**を加えてよく混ぜ合わせ、漉す。

3

フライパンに入る大きさのバットに、**2**を2mmの厚さになるように流し入れる。葛粉が沈殿してしまうのですぐにゆで始める。

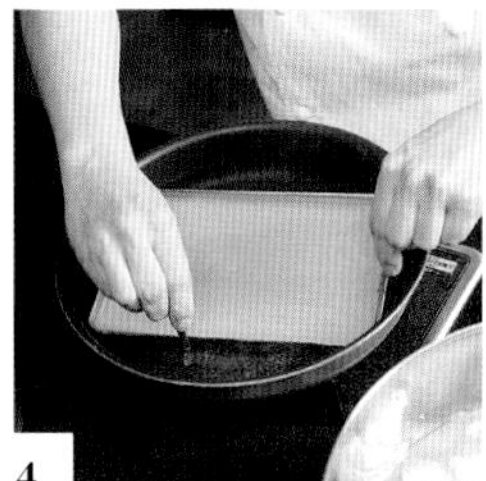

4

フライパンに湯を中火で煮立て、トングなどでバットをつかんで浮かべる。3～4分して固まってきたら、バットごと湯の中に沈め、葛きりが透き通ってくるまでゆでる。

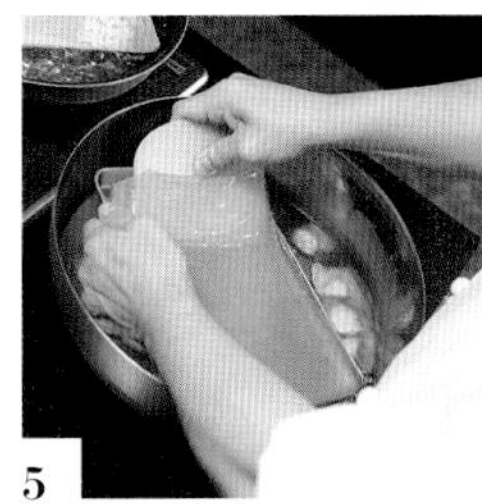

5

大きなボウルに氷水を用意し、**4**をバットごと取り出して入れる。冷えたら葛きりをカードではがす。

6

1cm幅に切り、氷水に入れて保存しておく。

composant 2

葛とプラリネのフラン

Flan au *Kuzu* et praliné noisette

材料 直径6×高さ2cmの丸型フレキシパン12個分

葛粉 ……60g

A
- 牛乳 ……140g
- 水 ……140g
- グラニュー糖 ……70g
- ヘーゼルナッツペースト ……90g
- ミルクチョコレート ……54g

粉糖 ……適量

作り方

1

鍋にAを入れて弱火にかけ、混ぜながら40℃ほどに温める。火を止めて葛粉を加え、ハンドブレンダーで混ぜる。

2

再び弱火にかけ、ゴムべらで混ぜる。かたまり始めたらすぐに火から下ろし、つぶつぶがなくなってなめらかな状態になるまで練り続ける。

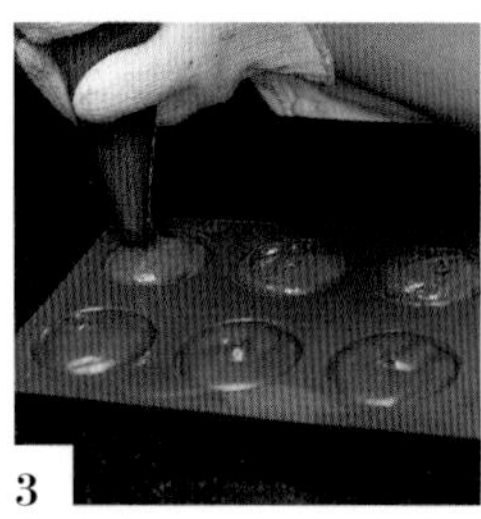
3

2を絞り袋に入れ、フレキシパンに絞り入れる。ラップをかけて表面を平らにし、そのままおいて冷ます。

4

フレキシパンからはみ出た生地はパレットナイフなどで削って除く。ラップをふたたびかけて裏返し、フレキシパンを外す。

5

盛り付けのタイミングに合わせて焼き始める。ベーキングシートを敷いた天板に4を置き、180℃に予熱したオーブンで20～25分焼く。取り出して粉糖をふる。

composant 3

ミルクチョコレートのアイスクリーム
Crème glacée chocolat au lait

材料 15人分

A | 牛乳 ……400g
  | 生クリーム（乳脂肪分35%） ……100g

卵黄 ……90g

グラニュー糖 ……70g

プラリネ ……50g

ミルクチョコレート ……100g

作り方

1 鍋にAを入れて混ぜ、沸騰直前まで温める。

2 ボウルに卵黄、グラニュー糖を入れてすり混ぜ、1を加えてなじませる。それを鍋に戻し、全体を混ぜながら83℃まで温める。

3 ボウルに移し、熱いうちにプラリネ、ミルクチョコレートを加え、ハンドブレンダーでよく混ぜる。

4 ボウルの底を氷水に当てて混ぜながら冷やす。アイスクリームマシンにかける。

composant 4

パッションフルーツとマンゴーのソース
Sauce passion / mangue

材料 16人分

パッションピューレ ……100g
マンゴーピューレ ……50g
水 ……40g
グラニュー糖 ……80g
粗挽き黒こしょう ……2g

作り方

1 鍋にすべての材料を入れ、沸騰させる。ボウルに移し、底を氷水に当てて混ぜながら冷やす。

composant 5

ナッツのキャラメリゼ
Fruits secs caramélisés

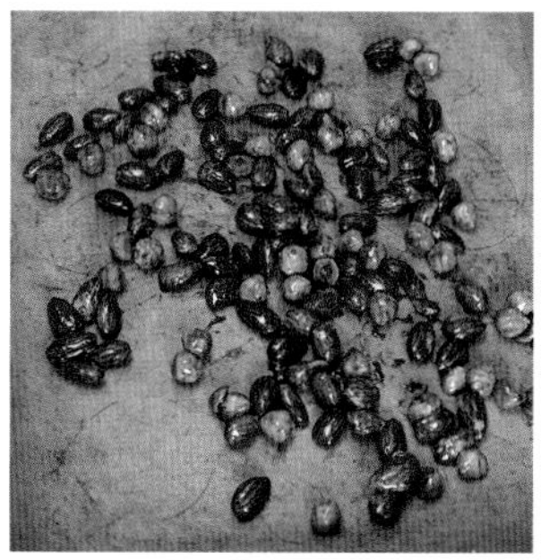

材料 作りやすい分量

A
皮付きホールアーモンド(ローストしたもの*1) ……75g
皮なしヘーゼルナッツ(ローストしたもの*2) ……75g

B
水 ……17g
グラニュー糖 ……50g

＊ ＊1、＊2ともに160℃に予熱したオーブンで20分焼いたもの

作り方

1 鍋にBを入れて中火にかけ、120℃になるまで煮詰める。

2 火を止め、Aを加えてゴムべらで手早く混ぜ、ナッツの周りを砂糖で白くコーティング（結晶化）させる。

3 鍋底も白くコーティングされてナッツがパラパラになったら、再び中火にかけ、砂糖が溶けて茶色いキャラメル状になるまで混ぜる。

4 ベーキングシートに3を広げ、冷ます。

〚 組み立て・盛り付け 〛

材料 仕上げ用

銀箔 ……適量

1
ナッツのキャラメリゼは少量をナイフの腹で軽くつぶし、盛り付け用の皿の中央に小さく盛っておく。

2
小さなガラスのカップにパッションフルーツの葛きりを入れ、パッションフルーツとマンゴーのソースをかける。銀箔を飾り、盛り付け用の皿の左奥に配置する。

3
ミルクチョコレートのアイスクリームをクネル型にとり、1の上にのせる。皿の右手前に焼き立てのフランを置き、ナッツのキャラメリゼをのせる。

寒天

Kanten
Agar-agar

DATA

原料	天草(てんぐさ)、おごのり
主な産地	長野県諏訪地方、京都府
保存方法	直射日光や高温多湿を避けて常温保存

棒寒天

別名角寒天。長野県諏訪地方の特産品で、天草やおごのりを煮溶かした液体を固め、凍結、乾燥させたもの。角がやわらかくなるまで30分〜1時間水でもどし、小さくちぎって、鍋で透明になるまで煮溶かして使う。食物繊維が豊富でほぼノンカロリー。

◉使用例

ところてん、みつまめ、ようかんなど。儚い口溶けが魅力の夏の和菓子、淡雪かんは、卵白に寒天液を加えたもの。

小豆の淡雪かん〈P16〉

粉寒天

煮出した天草液を固め、乾燥させ、粉末状に加工したもの。水でもどす手間がなく、水に溶かしてすぐ使えるため近年、人気がある。

糸寒天

製造方法は棒寒天と同じだが、一度固めてから細長く突き出して凍結、乾燥させたもの。おもに天草から作られ、棒寒天よりも溶けにくいが、コシと弾力が強く、仕上がりに透明感がある。

◉ デザートに使う時のポイント

ヘルシーなデザート作りに

寒天の特徴は、歯切れがよく、もろい独特の食感。口当たりの軽い、海藻生まれの凝固剤で、ヘルシーなデザート作りに役立つ。

加熱で劣化するものは加えない

寒天はふやかした後、沸騰させないと溶けない。よって寒天に何かを入れたい時は、加熱することで風味や色が劣化するものは避ける。

溶かしたら素早く作業する

溶かした寒天は、固まる温度が高い(40〜50℃)。常温で固まってしまうので、加える食材を温めたり、型に素早く入れるなどの注意が必要。

♯6

お茶

Thé

煎茶のロールとグラニテ
Rouleaux au *Sencha* et son granité

煎茶の味を最もよく伝える方法は、茶葉そのものを食べること。
お茶どころの故郷・掛川で茶葉を天ぷらやふりかけにして
食べているのを見てそう確信し、アイデアの源になった。
メイン食材の煎茶、柑橘類、チョコレートは
「苦味」を共通項にしてレシピを構築している。

煎茶

Sencha
Thé vert

DATA

原料	チャノキの葉
主な産地	静岡県、鹿児島県、三重県、宮崎県、京都府、福岡県、埼玉県
保存方法	冷暗所で常温保存。 匂いが移りやすいので注意する

煎茶

煎茶は、茶の生葉を蒸して揉み、乾燥させた不発酵タイプのお茶で、日本では最もポピュラー。なかでも通常の2倍の時間をかけて蒸す「深蒸し煎茶」（写真左）は、味わいや色が濃く出る。

パウダー状にした茶葉

デザートで活用しやすいのは、茶葉をミルにかけてパウダー状にしたもの。これを湯で蒸らし、煎茶の味や香りを引き出してから使用する。

● デザートに使う時のポイント

産地や銘柄を選ぶ

お茶は産地や銘柄がたくさんあり、苦味や甘味、香り、色など特徴もさまざまなので、目指すデザートの味に合わせて選ぶ。一般的に深蒸しタイプのお茶は味がよく出る。

柑橘類、いちご、和の食材が合う

煎茶と味の相性が良いのは、フルーツなら柑橘類やいちご、その他にもあんこ、きなこといった和の素材も合う。

粉砕＆蒸らしで風味アップ

煎茶はもともと蒸らして香りを楽しむもの。まず、ミルで粉砕してから、水分で蒸らす、という手順を踏むと、煎茶の味わいや香りがより濃く出る。茶葉は好みで漉してよい。

● 使用例

クリームやグラニテなど使い道はいろいろ

パウダー状にして蒸らした煎茶の茶葉は、クリームと合わせたり、さっぱりとした煎茶のグラニテにアレンジしたり、オリーブオイルと合わせてペストソースにしたりと、さまざまな使い方ができる。

煎茶のクリーム

煎茶のグラニデ

煎茶のペストソース

composant 1

煎茶のロール
Rouleaux au *Sencha*

1. パート・フィロ
Pâte filo

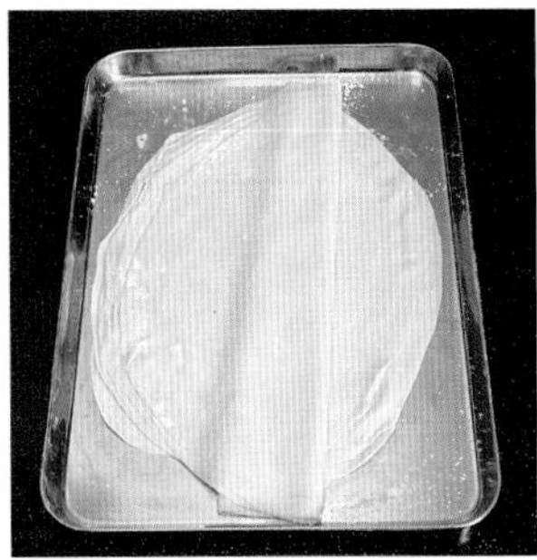

材料 14枚分

A | 薄力粉 175g
強力粉 175g
コーンスターチ 50g
ベーキングパウダー 4g
塩 5g

B | 水 90g
牛乳 90g

溶かしバター 110g

【打ち粉】コーンスターチ ......適量

作り方

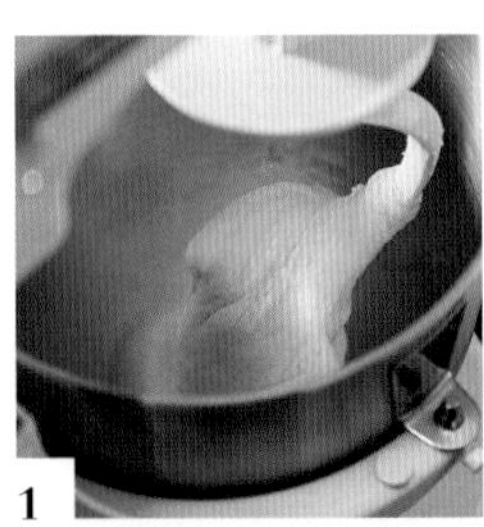
1
製菓用ミキサーにフックをつけ、ふるった**A**、電子レンジで人肌に温めた**B**、溶かしバターをボウルに入れ、低速で回す。

2
生地がなめらかになりツヤが出てきたら取り出し、25gずつに分割して丸める。

3
コーンスターチで打ち粉をし、綿棒でなるべく薄い円形にのばす。冷蔵庫で10～15分休ませる。

4
取り出して再度コーンスターチで打ち粉をし、直径10cmの円形にのばす。

5
生地を7枚ずつ重ね、その上から綿棒で直径20cmの円形になるまでのばす。生地を重ねることで薄くのばしやすくなる。

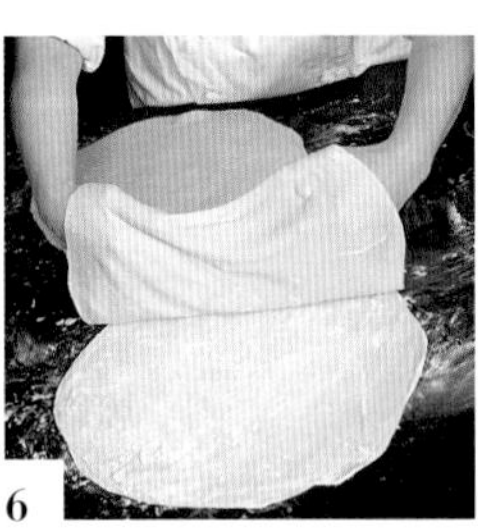
6
生地を1枚ずつはがし、間にコーンスターチをふって重ねておく。
※ラップをして冷蔵保存も可能。

2. 煎茶のクリーム
Crème *Sencha*

材料 8人分

煎茶の茶葉 ……8g
湯(60℃) ……20g
クリームチーズ ……200g

作り方

1

煎茶の茶葉は、ミルで粉砕してパウダー状にする。耐熱容器に60℃に温めた湯とともに入れ、そのまま5分おいて蒸らす。

2

耐熱ボウルにクリームチーズを入れて電子レンジで軽く温め、ゴムべらでやわらかく練る。1を加えて混ぜ合わせる。

3. 柑橘類のマルムラード
Marmelade d'agrumes

材料 作りやすい分量

柑橘類(グレープフルーツ以外のもの*) ……正味500g(約2個)
レモン汁 ……10g
バニラビーンズのさやと種 ……1/4本
A | グラニュー糖 ……50g
　| ペクチンNH ……5g

* グレープフルーツは苦味が強く、煎茶の苦味と組み合わせると強すぎてしまうので、それ以外の柑橘類がおすすめ

作り方

1 柑橘類は天地を切り、2回湯通しする。へたを除いて外皮ごと細かく切り、計量する。

2 鍋に1、レモン汁、バニラビーンズを入れて火にかけ、沸騰させる。いったん火から下ろしてバニラのさやを除き、混ぜ合わせたAを加えながらハンドブレンダーで攪拌する。

3 バニラのさやを戻し、再び火にかけて沸騰させ、冷ます。

4. 仕上げ
Finition

材料

ブラックチョコレート(カカオ分70%) ……1本につき10g
揚げ油(サラダ油) ……適量

作り方

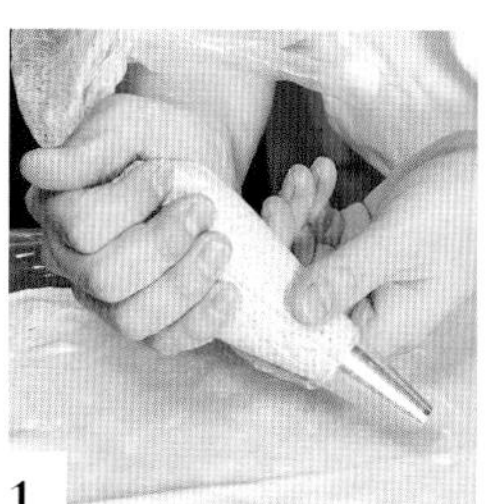
1

ブラックチョコレートは粗めに刻む。絞り袋を2つ用意し、一方には11mmの丸口金をつけて煎茶のクリームを入れておく。もう一方の絞り袋には柑橘類のマルムラードを入れ、先端を細くカットしておく。

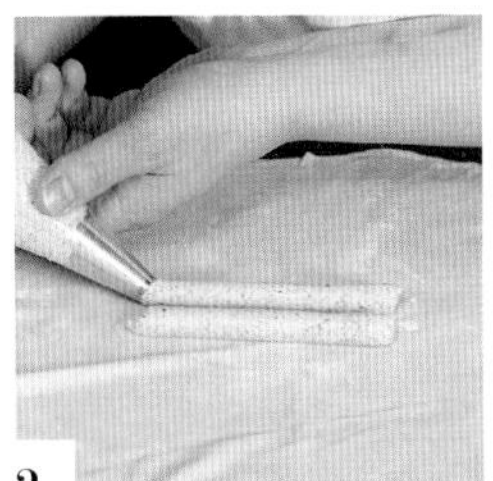

2

パート・フィロを広げ、中央よりやや手前に、煎茶のクリームを横7cmの長さに、間を1cmあけて2本絞る。

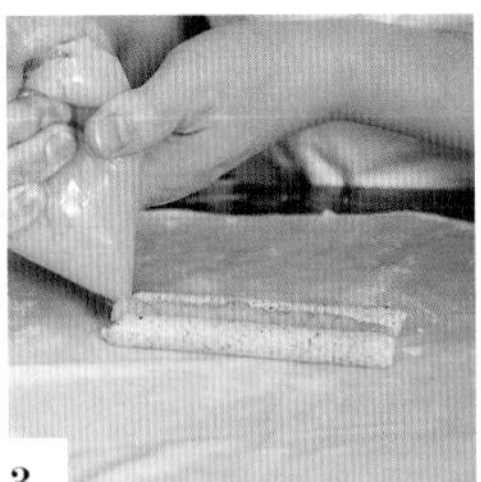

3

クリームの間に柑橘類のマルムラードを絞る。

4

3の上に刻んだチョコレートをのせる。

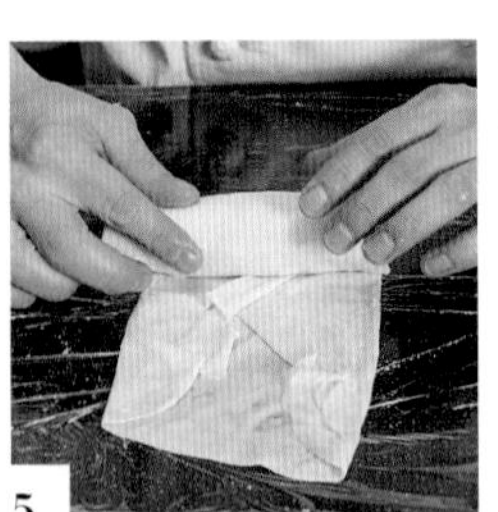

5

パート・フィロを手前、左、右の順に内側に折りたたんで手前からくるくると巻き、巻き終わりに水をつけて閉じる。

6

フライパンに揚げ油を1cm高さに注ぎ180℃に熱し、**5**をこんがりと揚げる。

composant 2

柑橘類のコンフィ

Agrumes confits

材料　作りやすい分量

柑橘類(グレープフルーツ以外のもの*) ……4個

A　水 ……200g
　　グラニュー糖 ……100g

* グレープフルーツは苦味が強く、煎茶の苦味と組み合わせると強すぎてしまうので、それ以外の柑橘類がおすすめ

作り方

1. 柑橘類は天地を切って外皮ごと半分に切り、2回～3回湯通しをする。
2. 大きめの鍋に**A**を入れて沸騰させ、**1**を入れる。再び沸騰したら極弱火にして1時間ほど、柑橘類に火が通るまで煮る。
3. そのまま常温で冷ます。

composant 3

煎茶のグラニテ

Granité au *Sencha*

材料 6人分

煎茶の茶葉 ……12g

板ゼラチン ……3g

A
- 水 ……300g
- グラニュー糖 ……50g

作り方

1 板ゼラチンは氷水でもどしておく。煎茶の茶葉は、ミルで粉砕してパウダー状にする。

2 鍋に A を入れて沸騰させ、70℃ぐらいまで冷ます。1 の茶葉と、水気を絞ったゼラチンを加えてふたをし、茶葉を蒸らしながらゼラチンを溶かす。

3 2 を粗めの漉し器で漉し、底を氷水に当てて混ぜながら冷やし、冷凍庫に入れる。固まりそうになったらフォークでかき混ぜ、再び冷凍庫で凍らせる。これをかき氷状になるまで繰り返す。

composant 4

煎茶のペストソース

Pesto au *Sencha*

材料 4人分

煎茶の茶葉 ……20g

湯(60℃) ……50g

A
- ココナッツファイン ……90g
- レモン汁 ……15g
- 塩 ……1g
- オリーブオイル ……150g
- グラニュー糖 ……15g
- クラッシュアイス ……50g

作り方

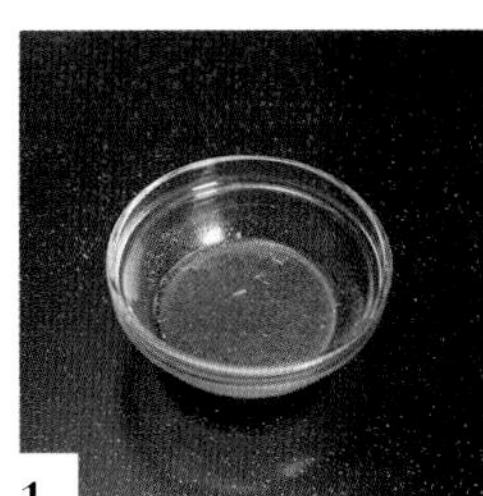

1

煎茶の茶葉はミルで粉砕してパウダー状にする。耐熱容器に60℃の湯とともに入れ、そのまま5分おいて蒸らす。底を氷水に当てて冷やす。

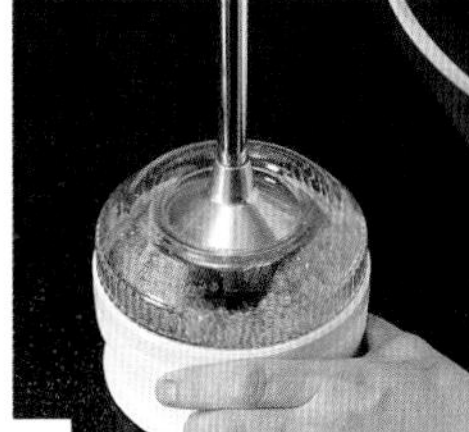

2

ミキサーに 1、A を入れ、攪拌してペースト状にする。

〚 組み立て・盛り付け 〛

材料 仕上げ用

煎茶（ミルで粉砕してパウダー状にしたもの）……適量

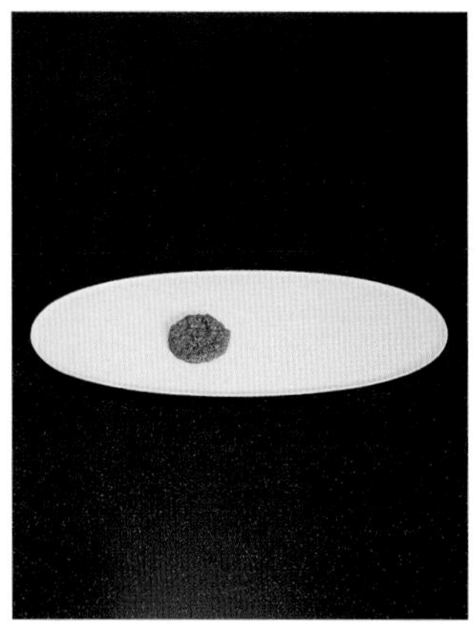

1

柑橘類のコンフィはシロップをきり、1cm角に切っておく。盛り付け用の皿に、煎茶のペストソースを15gほど丸く敷く。

2

煎茶のロールを斜め半分に切り、ペストソースの上に置く。

3

抹茶のグラニテに、**1**の柑橘類のコンフィを適量加えて混ぜ、小さなガラスのカップに入れて**2**の横に置く。

4

パウダー状にした煎茶で、斜めにラインを描く。

抹茶のスフレとアイスクリーム

Soufflé au *Matcha* et sa crème glacée

フランスのクラシックなデザート、スフレを抹茶フレーバーで。
アイスとの冷温のコントラストは定番だが、やはり美味。
ほろ苦い抹茶の生地に、風味の強いトロピカルフルーツのチャツネを合わせた。
抹茶は加熱すると風味が飛んでしまうので、仕上げにも抹茶をひとふりしている。

使用する和素材について

抹茶

Matcha
Thé vert moulu

DATA	
原料	チャノキの葉
主な産地	京都府、愛知県、静岡県、奈良県
保存方法	冷凍保存

抹茶

日光を避けて育てた茶葉「てん茶」を蒸し、揉まずに乾燥させたものが原料。葉脈を除いたのち、石臼で挽くと抹茶になる。フランスでもMatcha（マッチャ）の名で知られている。

◉ アイスやソースの保存方法

抹茶は酸化しやすいので、できるだけ空気に触れないようにする。アイスやソースなどは表面にラップを落としてぴったり貼り付けるようにする。

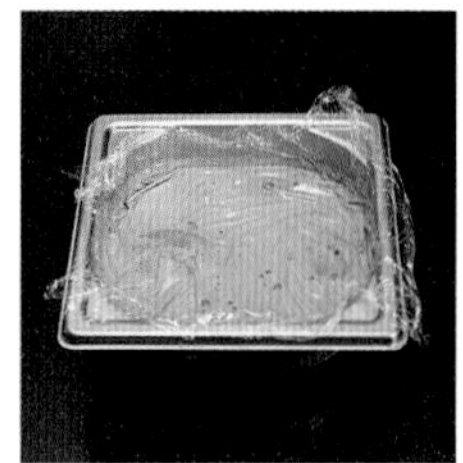

◉ デザートに使う時のポイント

デザートに適した銘柄を

抹茶は産地や銘柄ごとに風味に違いがある。甘み、香り、ほろ苦さなど抹茶の魅力が立っているか確認してから使う。

高温加熱は風味がとぶ

抹茶は高温で加熱すると風味が飛ぶので注意。生地に混ぜ込んで加熱する場合は、仕上げにも抹茶を振るなどして風味を補強する。

ダマを防ぐ工夫を

抹茶は粒子が細かいので、ダマになりやすい。あらかじめ他の粉類と混ぜたり、抹茶に少しずつ液体を加えて溶きのばすことでダマを防げる。

◉ 使用例

生地ものに混ぜる

スフレやジェノワーズ（スポンジ生地）、サブレなどの生地に混ぜ込み、抹茶フレーバーをつける。

抹茶のスフレ

ソースにする

抹茶を少しずつシロップで溶きのばし、抹茶のソースに。

抹茶のソース

抹茶味のアイスに

抹茶アイスはいろいろな市販品があるが、自作すると、好きな抹茶の銘柄を選べたり、糖分の調整ができるのが魅力だ。

抹茶のアイス

composant 1

抹茶のアイスクリーム

Crème glacée au *Matcha*

材料 6人分

抹茶 10g

A
- 牛乳 250g
- 生クリーム(乳脂肪分35%) 55g
- 水あめ 20g

B
- グラニュー糖 35g
- 安定剤 1g

クレーム・ドゥーブル* 16g

* 生クリームに乳酸菌を加えて軽く熟成させた、ペースト状の発酵クリーム。

作り方

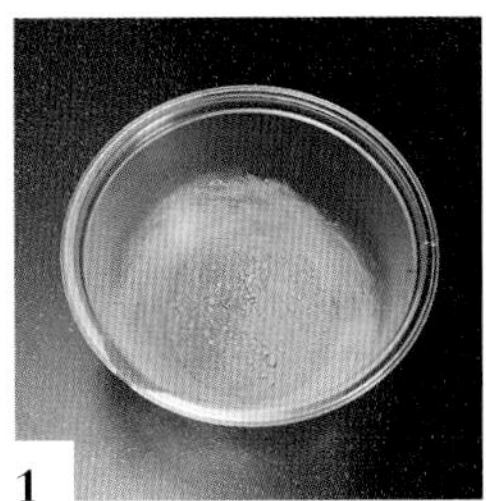

1

抹茶はふるってボウルに入れておく。**B**は混ぜ合わせておく。

2

鍋に**A**を入れて人肌に温め、**B**を加えて沸騰させる。これを、抹茶を入れたボウルに少しずつ加え、泡立て器で混ぜてのばす。

3

2にクレーム・ドゥーブルを加え、ハンドブレンダーにかけてムラなく混ぜる。

4

漉し、底を氷水に当てて混ぜながら冷やす。アイスクリームマシンにかける。

composant 2

チャツネ

Chutney

材料 10人分

マンゴー 正味120g

バナナ 正味120g

レーズン 30g

グラニュー糖 24g

りんご酢 36g

バニラビーンズのさやと種 1/4本分

作り方

1 マンゴーとバナナは皮をむき、マンゴーは種も除き、ともに1.5cm角に切る。

2 鍋に**1**、その他全ての材料を入れ、水分がなくなるまで弱火で煮詰める。

composant 3

抹茶のスフレ
Soufflé au *Matcha*

材料 直径7×高さ7.2cm（容量120ml）の耐熱ガラス容器10個分

卵黄 90g

A
- 抹茶 14g
- コーンスターチ 25g
- グラニュー糖 15g

牛乳 300g

卵白 250g

グラニュー糖 45g

チャツネ〈P171参照〉......全量

耐熱容器用
- バター ......適量
- グラニュー糖 ......適量

作り方

1

耐熱容器の内側に、常温に戻したバターを薄く塗り、グラニュー糖をまぶす。余分なグラニュー糖は落としておく。

2

Aは合わせてふるっておく。

3

ボウルに、卵黄、ふるった**A**を入れ、泡立て器ですり混ぜる。

4

鍋で牛乳を沸騰直前まで温め、**3**のボウルに2〜3回に分けて加えて混ぜ合わせる。

5

4を漉しながら鍋に戻し入れ、中火にかける。焦げないようにゴムべらで絶えず混ぜながら炊き、固まり出したところで火を止め、もったりとした生地に仕上げる。

6

5を大きめのボウルに移し、そのまま50℃ほどまで冷ます。

7

1の耐熱容器の中にチャツネを30gずつ、周りにつかないように菜箸などで入れておく。

8

卵白はハンドミキサーで軽く泡立て、グラニュー糖を2〜3回に分けて加えながらツノがピンと立つまで泡立てる。

9

8を6のボウルに1/4量ずつ加え、泡立て器でそのつど手早く混ぜ、最後はゴムべらでさっと混ぜる。

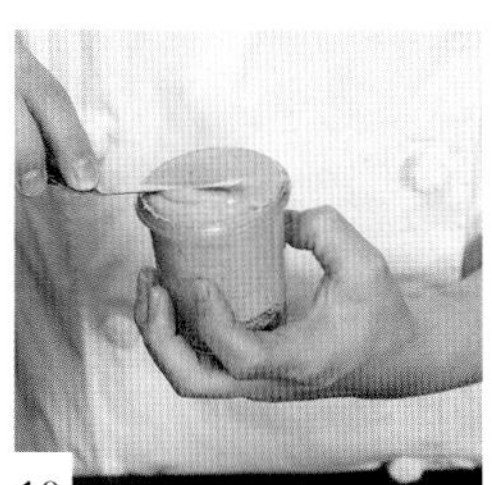
10

泡がつぶれないように絞り袋の口を大きめに切り、9のスフレ生地を入れ、耐熱容器にすりきりまで絞り入れる。中心部がほんの少し高くなるように、パレットナイフで表面をならす。

11

スフレが真っ直ぐ立ち上がるように、耐熱容器のふちに沿って親指でぐるりと一周し、内側に溝を作る。

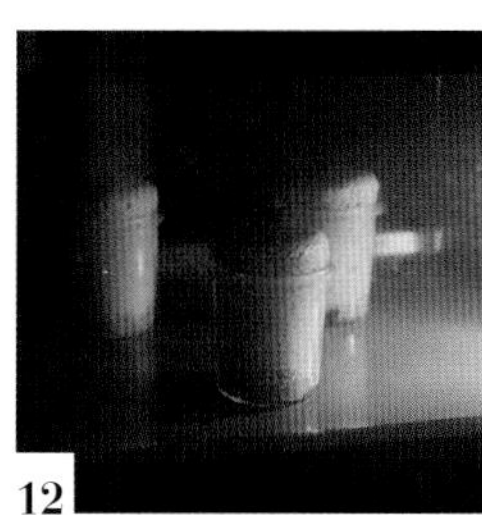
12

180℃に予熱したオーブンで11分焼く。

〚組み立て・盛り付け〛

材料 仕上げ用

抹茶 ……適量

1

盛り付け用の皿にチャツネを小さく盛り、その上にクネル型にとった抹茶のアイスクリームをのせる。

2

スフレが焼けたら抹茶を茶漉しでふり、皿にのせる。

ほうじ茶のクレームブリュレ、梨のソルベ

Crème brûlée au *Hojicha*, sorbet aux poires japonaises

香ばしく、渋味の少ないほうじ茶は、甘いものと相性がよく、
デザートに使いやすいお茶のひとつ。クレームブリュレやキャラメリゼなどの
「焦げ」と合わせると香ばしさが倍増する。
箸休めのように食感が楽しいものを、と思いシガレットを添えた。

ほうじ茶

煎茶や番茶（成長しすぎた葉）を強火で焙煎した、褐色のお茶。カフェインや苦味が少なく、香ばしい味わいが特徴。

◉使用例

牛乳や生クリームなどの液体に茶葉を入れ、蒸らしてほうじ茶の風味を抽出する。

▶

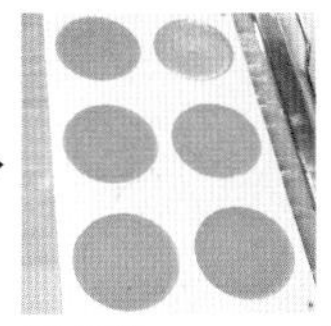

ほうじ茶のクレームブリュレ

使用する和素材について

ほうじ茶

Hojicha
Thé vert torréfié

DATA

原料	チャノキの葉
保存方法	なるべく空気を抜いて密閉し、常温保存

ミルで粉砕してふるった茶葉

◉使用例

茶葉をミルで粉砕し、ふるうと、シガレットやサブレ、ジェノワーズ（スポンジ生地）などにそのまま入れられる。粉末の茶葉も市販されている。

▶

ほうじ茶のシガレット

◉ デザートに使う時のポイント

「香ばしさ」を主軸に相性を考える

ほうじ茶の特徴はあの香ばしさなので、味の相性は「香ばしさ」つながりで考えるとやりやすい。キャラメルや、クレームブリュレなどの焦げ目も合う。

紅茶から探っても

ほうじ茶の味わいは紅茶に近いので、まず紅茶のフレーバーとしてどんなものがあるかを調べると、味の相性を探りやすい。桃やマンゴー、柑橘類、パイナップル、梨は合う。

composant 1

ほうじ茶のクレームブリュレ

Crème brûlée au *Hojicha*

材料 直径7cm×高さ1cmの薄い円形シリコン型15個分

A
- 生クリーム(乳脂肪分45%) 300g
- 牛乳 100g
- ほうじ茶の茶葉 10g

B
- 卵黄 72g
- カソナード 50g

作り方

1 鍋に**A**を入れて混ぜ、火にかける。沸騰したら火を止め、ふたをしてそのまま10分ほど蒸らす。

2 ボウルに**B**を入れて泡立て器ですり混ぜ、**1**を入れて混ぜ合わせる。

3 **2**を万能漉し器に入れ、茶葉をゴムべらで押しながらしっかりと茶葉のエキスを出す。泡(アク)が浮いていれば、表面にクッキングペーパーをかぶせて取り除く。

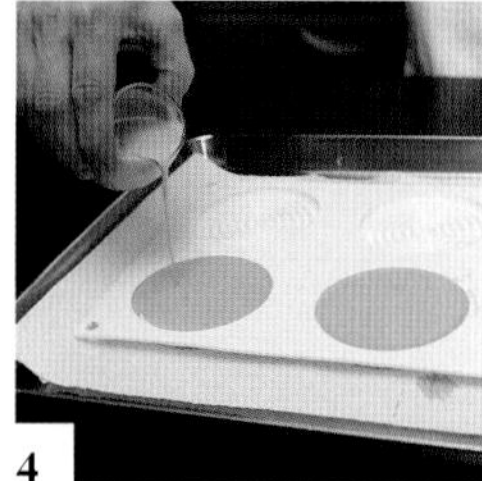

4 天板より一回り小さいバットにクッキングペーパーを1枚敷き、その上にシリコン型を乗せ、**3**を流し入れる。

5 ペーパーが十分に浸るくらいのぬるま湯をバットに注ぎ、天板にのせる。

6 140℃に予熱したオーブンで13〜14分、蒸し焼きにする。天板ごと揺らしてみて中央が動かなければ焼き上がり。そのまま冷まし、型ごと冷凍庫に入れて完全に凍らせる。

composant 2

ほうじ茶のシガレット

Cigarettes au *Hojicha*

材料 5人分

- ほうじ茶の茶葉(ミルで粉砕してふるったもの) 5g
- 薄力粉 45g
- バター 50g
- 粉糖 50g
- 卵白 50g

作り方

1 ほうじ茶の茶葉は、薄力粉と合わせてふるっておく。

2 ボウルに、常温に戻したバター、粉糖を入れ、泡立て器ですり混ぜる。卵白を少しずつ加えてそのつど混ぜ、1を加えて混ぜ合わせる。

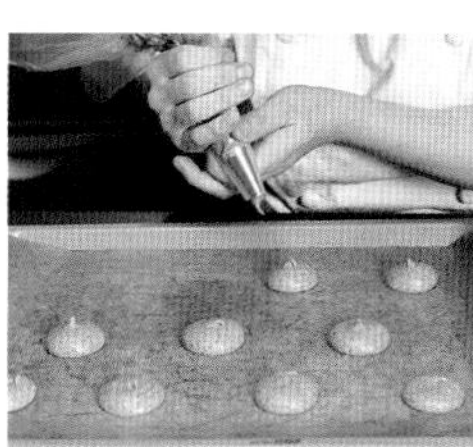

3 直径10mmの丸口金をつけた絞り袋に入れ、ベーキングペーパーを敷いた天板の上に、直径3cmの半円形に絞る。

4 絞り終わったら、天板の底を何度か叩いて、生地を直径4～5cmに広げる。

5 160℃に予熱したオーブンで10～15分焼く。

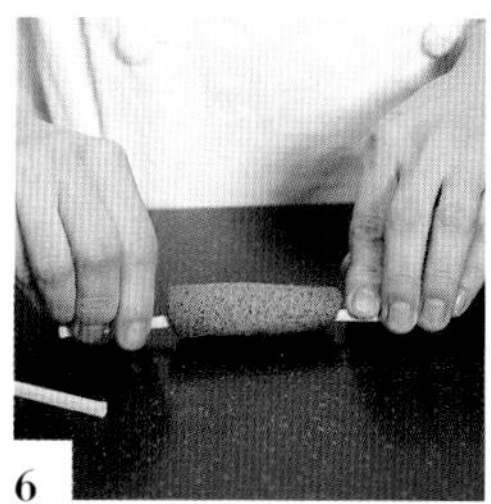

6 取り出し、生地が熱いうちに細く巻く。中に菜箸を入れ、巻き終わりに菜箸を当てて作業台に押さえつけ、形を固定させる。生地が冷めて巻きにくくなってしまったら、オーブンで軽く温める。

composant 3

梨のソルベ

Sorbet aux poires japonaises

材料　8人分

梨 300g

水あめ 20g

A | グラニュー糖 30g
  | 安定剤 3g

サワークリーム 20g

レモン汁 12g

作り方

1 梨は皮をむき、種と芯の固いところを除く。ハンドブレンダーにかけてピューレ状にする。

2 鍋に、1の半量、水あめを混ぜて温め、混ぜ合わせたAを加えて沸騰させる。

3 ボウルに移し入れ、底を氷水に当てて冷やす。残り半量の1、サワークリームとレモン汁を加えて混ぜ、アイスクリームマシンにかける。

composant 4

梨のキャラメリゼ

Poires japonaises caramélisées

材料 15人分

梨 200g

グラニュー糖 20g

レモン汁 8g

バニラビーンズのさやと種 1/4本分

作り方

1 梨は皮をむき、種と芯の固いところを除く。5mmの角切りにする。

2 フライパンにグラニュー糖を入れ、キャラメル色になるまで中火で加熱する。**1**、レモン汁、バニラビーンズを入れ、混ぜながら全体をなじませる。

3 キャラメルが溶けたら、火を止めてそのまま冷やす。

〚 組み立て・盛り付け 〛

材料 仕上げ用

グラニュー糖 ......適量

ほうじ茶の茶葉(ミルで粉砕してふるったもの)......適量

1

ほうじ茶のクレームブリュレを型から出し、盛り付け用の皿の中央に置く。表面にグラニュー糖を軽くふり(皿に飛び散ったグラニュー糖は取り除く)、バーナーで炙って焦げ目をつける。

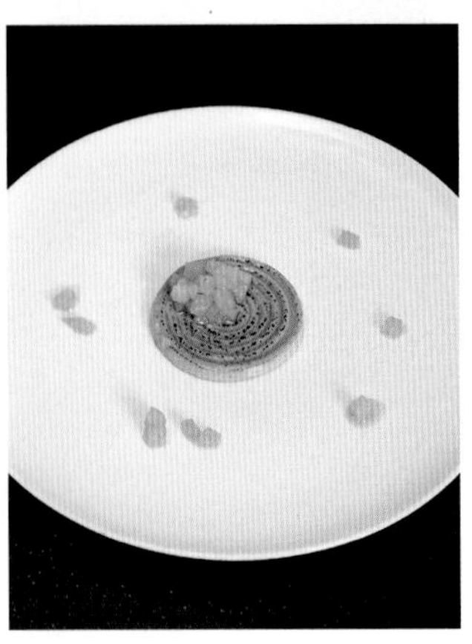

2

クレームブリュレの上に、汁気をきった梨のキャラメリゼを10gほどのせ、周りの皿の上にも散らす。

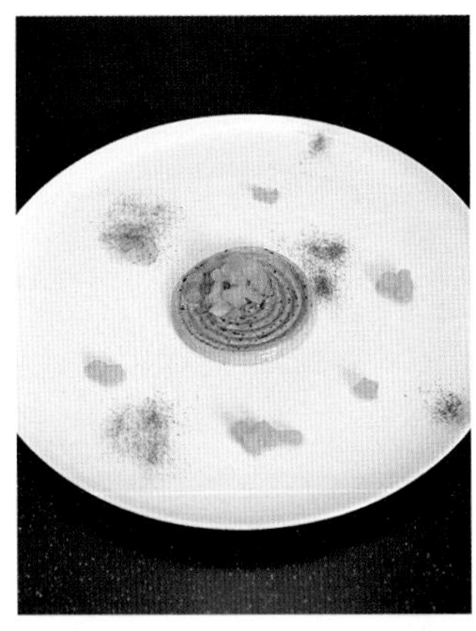

3

バランスをみながら、ほうじ茶の茶葉を皿のところどころにふる。

4

小さめのクネル型にとった梨のソルベをクレームブリュレの上にのせる。ほうじ茶のシガレットを2本、立て掛ける。

♯7

大豆製品

Produits
à base de soja

高野豆腐のフレンチトースト風、豆腐のムース

Koya-Dofu comme un pain perdu, mousse au *Tofu*

やわらかく味にクセがない豆腐は、菓子やデザートへの汎用性も高く、いろいろなものに使われているが、高野豆腐ではあまりなく、一度使ってみたかった。アパレイユを染み込ませて焼いた高野豆腐は食べごたえがあり、キュッとした独特の食感。ふんわりとした冷たい豆腐ムースとの、食感と冷温の対比を意識した。

使用する和素材について

DATA	
原料	豆乳、にがりなどの凝固剤

豆腐

Tofu
Lait de soja caillé

木綿豆腐

大豆の絞り汁(豆乳)をにがりなどを加えて固め、木綿の布を敷いた型箱に流し入れ、上から重石をして水気をきったもの。

絹ごし豆腐

作り方は木綿豆腐と同様だが、型箱に入れ、重石で水分をきらずにそのまま固めているため、水分が多く舌触りがなめらか。

●使用例

アイス、ムース、パンナコッタ、粉ものの生地に練り込むなど、何にでも使える。

豆腐のムース

高野豆腐

豆腐を凍らせ、低温熟成して乾燥させたもの。スポンジのような形状で、水分を煮含ませて使うのが一般的。「凍り豆腐」「凍(し)み豆腐」とも。

AUTRE

豆乳

豆腐の原料。水でもどした大豆に、水を加えながらすりつぶし、漉した絞り汁。大豆の味が生きた無調整豆乳と、飲料として飲みやすく加工した調整豆乳がある。

●使用例

フレンチトースト風に

アパレイユを染み込ませてフレンチトースト風に。

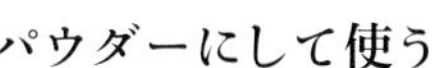

パウダーにして使う

ミルで粉砕し、サブレやパウンドケーキなどの粉ものの一部として使っても。ただし、味に少しクセがあるので配合には注意する。

高野豆腐のフレンチトースト風

● デザートに使う時のポイント

食感で木綿or絹を選ぶ

木綿はざらっとした舌触りに、絹ごしは喉越しよく仕上がる。目指す食感に応じて選ぶ。

豆乳を加えて風味アップ

豆腐を攪拌してムースやソースにする時など、大豆の風味が足りなければ豆乳を加えるとよい。

高野豆腐はアレルギー対応にも

高野豆腐をパウダー状にしたものは、アーモンドパウダーの代わりに使うとヘルシー。アレルギー対応のメニュー作りにも役立つ。

composant 1

高野豆腐のフレンチトースト風

Koya-Dofu comme un pain perdu

材料　4人分

アパレイユ

- 全卵 55g
- 卵黄 30g
- グラニュー糖 60g
- バニラビーンズの種 1/4本分
- 生クリーム（乳脂肪分35%） 30g
- 豆乳（50℃ほどに温めたもの） 180g

高野豆腐（5.5×7×厚み1.5cmのもの） 4枚

バター ......適量

作り方

1

アパレイユを作る。全卵から順にボウルに入れていき、そのつど泡立て器で混ぜる。最後に、50℃ほどに温めた豆乳を加え、混ぜ合わせる。

2

高野豆腐をバットに並べ、アパレイユが温かいうちに上からかける。裏返して同様にかけ、中まで染み込ませる。中央に、上からナイフを刺して切り口を確認し、中心までアパレイユが染み込んだか確認する。

3

フライパンを熱してバターを茶色く焦がし、高野豆腐を入れて両面に焼き色をつける。

4

ベーキングシートを敷いた天板に取り出し、180℃に予熱したオーブンで10分ほど焼く。

composant 2

豆腐のムース

Mousse au *Tofu*

材料　15人分

絹ごし豆腐 200g

すりおろしたレモンの表皮 1/3個分

板ゼラチン 5g

卵白 80g

A
- グラニュー糖 50g
- 水 10g

生クリーム（乳脂肪分35%） 100g

作り方

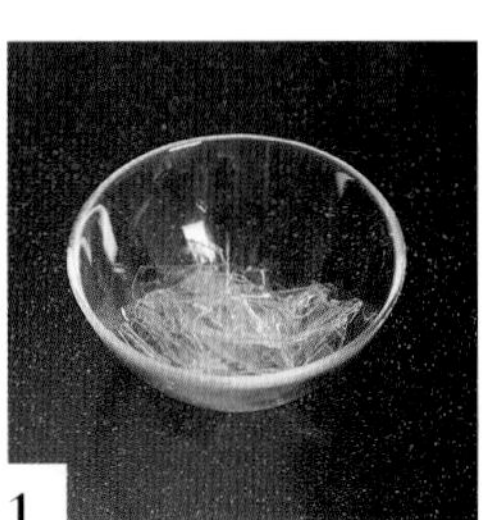

1

板ゼラチンは氷水でもどしておく。

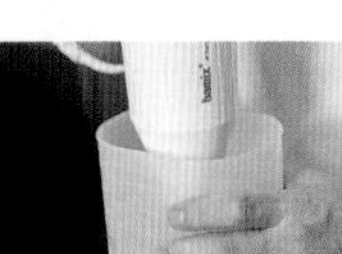

2

絹ごし豆腐とすりおろしたレモンの表皮は、合わせてハンドブレンダーで攪拌する。

3

耐熱容器に2の一部（50gほど）を取り出し、電子レンジで60℃ほどに温め、水気を絞ったゼラチンを加えて混ぜ溶かす。これを残りの豆腐と合わせる。

4

イタリアンメレンゲを作る。ボウルに卵白を入れてハンドミキサーで泡立てる。小鍋にAを混ぜて118℃まで熱し、卵白に少しずつ加えながらハンドミキサーで固く泡立てる。

5

別のボウルで生クリームを八分立てにする。

6

3、4、5を合わせ、泡立て器で手早く混ぜ合わせ、冷蔵庫で冷やし固める。

composant 3

キャラメルソース
Sauce caramel

材料　作りやすい量

グラニュー糖 150g

水 150g

作り方

1 鍋にグラニュー糖を入れ、濃いキャラメル色になるまで中火で加熱する。水を少しずつ加えてのばす。

composant 4

アーモンドのキャラメリゼ
Amandes caramélisées

材料　5人分

皮付きホールアーモンド（ローストしたもの*）......50g

A
- 水 ......少々
- グラニュー糖 20g

* 160℃に予熱したオーブンで20分ほど焼いたもの

作り方

1 鍋にAを入れて中火にかけ、120℃になるまで煮詰める。

2 火を止め、アーモンドを加えてゴムべらで手早く混ぜ、アーモンドの周りを砂糖で白くコーティング（結晶化）させる。

3 鍋底も白くコーティングされてアーモンドがパラパラになったら、再び中火にかけ、砂糖が溶けて茶色いキャラメル状になるまで混ぜる。

4 ベーキングシートに3を広げ、冷ます。

〚 組み立て・盛り付け 〛

材料 仕上げ用

粉糖 ……適量

1

高野豆腐のフレンチトースト風は、横長に置いて三等分に切り、盛り付け用の皿に盛る。

2

大きめのクネル型にとった豆腐のムースを上にのせ、キャラメルソースをかける。

3

アーモンドのキャラメリゼは半量を半分に刻み、残りは丸のまま、ともにムースの上にのせる。粉糖をふる。

きなこのガトー、オレンジ・キャラメリゼ

Gâteau au *Kinako*, oranges caramélisées

しっとりしたきなこのケーキは、昔懐かしい
「蒸しケーキ」のような食感を目指したもの。
オレンジを合わせ、
煎り大豆を散らして和洋折衷のデザートに。
なお、きなこは使う前にオーブンで 10 分ほど焼くと、
香ばしさが倍増する。基本的なテクニックだが、
忘れずに行うようにしたい。

きなこ

Kinako
Poudre de soja grillé

DATA

原料	大豆
保存方法	密閉容器に入れて冷凍庫で保存

きなこ

大豆を炒って皮をむき、挽いた粉。「黄粉」「黄な粉」とも書く。和菓子では、だんごやくずもち、わらびもちなどに使われる。

AUTRE

煎り大豆

節分の時に食べる大豆。カリカリと香ばしく、デザートのトッピングに使える。

うぐいすきなこ

青大豆を使ったきなこで「青きなこ」とも呼ばれる。甘味があり、春のうぐいす餅に使われる。主に東北地方で流通している。

黒豆きなこ

黒豆を使ったきなこ。風味が強い。

◉ 下準備

ローストして香りを出す

きなこは使う前にオーブンでローストすると、より香ばしくなる。ベーキングペーパーを敷いた天板にきなこを広げ、160℃で予熱したオーブンで約10分が目安。

◉ デザートに使う時のポイント

生地ものは分量に注意

生地ものに大量のきなこを加えると仕上がりが固くなってしまうので、薄力粉の分量を加減してバランスをとる。

キャラメリゼ、樽の香りと好相性

きなこは、あんこや抹茶など和の食材だけでなく、キャラメリゼしたものなど香ばしいものと相性が良い。また、ブランデーを始めとする樽で寝かせた酒も合う。

◉ 使用例

ケーキやサブレなどの生地ものや、アイスに混ぜて使う。和菓子では、砂糖と一緒に混ぜてふることが多い。

きなこのケーキ

きなこのアイスクリーム

composant 1

きなこのケーキ
Gâteau au *Kinako*

材料 15×15×高さ3cmのキャドル1台分(5人分)

きなこ(ローストしたもの) 40g
シロップ(ボーメ30°) 70g
バター 40g
グラニュー糖 20g
塩 0.5g
全卵 40g
A | 薄力粉 10g
 | ベーキングパウダー 1g

作り方

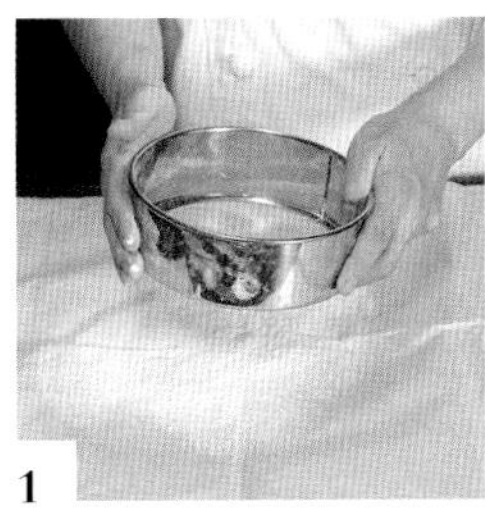

1

バターは常温に戻しておく。**A**は合わせてふるっておく。天板にキャドルを置き、底と側面にベーキングペーパーを敷いておく。

2

ボウルにきなことシロップを入れ、ゴムべらで練ってペースト状にする。**1**のバターを入れて混ぜ、グラニュー糖、塩を加え、空気を含ませるようにしてよく混ぜる。

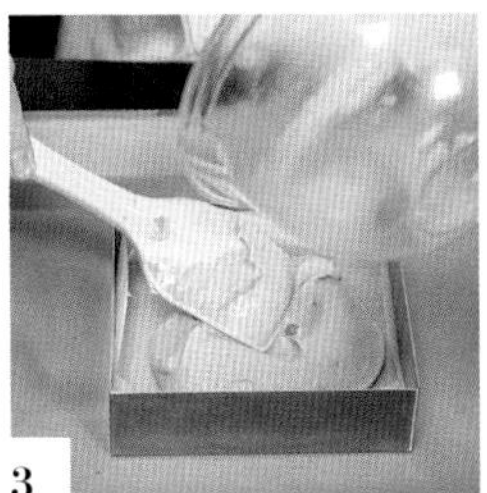

3

溶いた全卵を少しずつ加え、そのつど泡立て器でよく混ぜる。ふるった**A**を加えて混ぜ合わせ、キャドルに流して平らにならす。

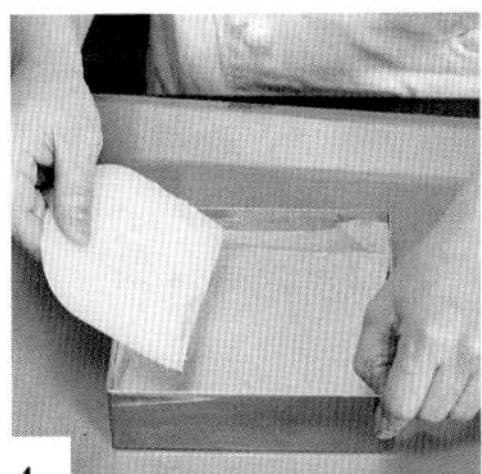

4

150℃に予熱したオーブンで10〜15分焼く(途中で一度、天板の奥と手前を入れ替える)。生地の中央を触ってみて、弾力があれば焼き上がり。天板を取り出してキャドルを外し、そのまま冷ます。

composant 2

きなこのアイスクリーム
Crème glacée au *Kinako*

材料 6〜8人分

牛乳 240g
生クリーム(乳脂肪分35%) 76g
水あめ 20g
カソナード 35g
きなこ(きなこと黒豆きなこを1:1で混ぜてローストしたもの) 48g

作り方

1 鍋に全ての材料を入れ、焦げないように混ぜながら沸騰させる。

2 1を漉し、底を氷水に当てて混ぜながら冷やす。アイスクリームマシンにかける。

composant 3

オレンジのマルムラードキャラメリゼ
Marmelade d'oranges caramélisées

材料　5人分

オレンジ ……正味200g

グラニュー糖 ……20g

A | グラニュー糖 ……10g
　| ペクチン ……2g

作り方

1 オレンジは天地を切り、外皮がやわらかくなるまでゆでる。水気をきってそのまま冷まし、細かく刻む。

2 Aは混ぜ合わせておく。

3 鍋にグラニュー糖20gを入れ、キャラメル色になるまで中火で加熱する。オレンジを加えて、キャラメルが溶けるまで絡める。

4 いったん火から下ろし、Aを加えながらハンドブレンダーで攪拌する。再び火にかけて沸騰させてから、冷ます。

composant 4

クレーム・シャンティイ
Crème Chantilly

材料　8人分

生クリーム（乳脂肪分35%）……300g

グラニュー糖 ……20g

バニラビーンズの種 ……1/4本分

オレンジの皮 ……1g

作り方

1 ボウルに全ての材料を入れ、八分立てにする。

〚 組み立て・盛り付け 〛

材料 仕上げ用

オレンジのカルチエ ……適量

煎り大豆 ……適量

きなこ(きなこと黒豆きなこを1:1で混ぜてローストしたもの) ……適量

1

オレンジのカルチエは3等分に切る。

2

きなこのケーキは10×3cmの長方形5個に切り分ける。

3

盛り付け皿のやや手前に、オレンジのマルムラードキャラメリゼを、**2**より一回り大きい厚さ3mmの長方形になるように敷く。その上に**2**を置く。

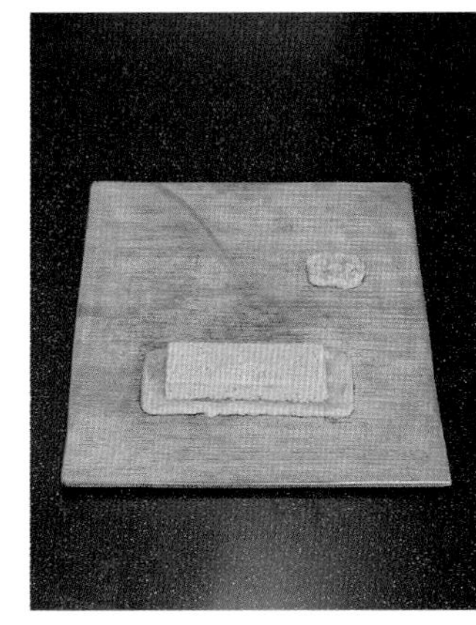

4

右上にも、アイスの滑り止めとしてオレンジのマルムラードを少量敷く。

5

絞り袋にサントノーレ口金をセットしてクレーム・シャンティイを入れ、きなこのケーキの上に波線状に絞る。

6

クレームの上に粗く砕いた煎り大豆と、オレンジのカルチエを飾り、ローストしたきなこをふる。**4**の上にクネル型にとったきなこのアイスクリームをのせる。

おからのクランブル、焼きりんご

Crumble à l'*Okara*, pommes au four

ライスプディングをおからでアレンジしてみたら…？ が発想の原点。
温かい状態でサーブするので、組み合わせるフルーツも、
加熱してもおいしいものをと考え、りんごを選んだ。
サワークリームでコクと酸味を、たっぷりのりんごのコンポートで
ジューシーさをプラスしている。

おから

Okara
Pulpe de soja

生のおから

豆腐を作る際、豆乳を絞った後に残るかすのこと。食物繊維をたっぷり含んだヘルシー食材。「卯の花」「きらず」とも呼ばれる。

◉使用例

プディングのほか、ドーナツやサブレなどの生地ものに混ぜて使う。

おからのプディング

DATA

原料	大豆
保存方法	【生のおから】冷蔵保存で2〜3日以内に使う。または空気をできるだけ抜いて保存袋に平らに入れ、冷凍保存し、1週間以内に使う 【おからパウダー】袋の口をしっかり閉めて常温保存

おからパウダー

生のおからを乾燥させたもの。パウダー状になっており、数ヶ月保存できて便利。

◉使用例

細かく粉砕されているので、クランブルやサブレのような、粉類と一緒にふるって使うものには利用できる。揚げ物の衣としても使える。

おからのクランブル

◉ デザートに使う時のポイント

生のおからは早めに使う

生のおからは消費期限が1〜2日と傷みやすいので、早めに使う。冷凍保存してもよい。

アーモンドパウダーの代わりにおからパウダーを

おからパウダーは、アーモンドパウダーの代わりに使う感覚で。食物繊維が豊富な、あっさりとした和のデザートになる。

水でもどせば生のおからに

おからパウダーを水でもどせば、生のおからの代わりとして使える。比率はおからパウダー20gに対して水80gが目安。混ぜるだけですぐもどる。

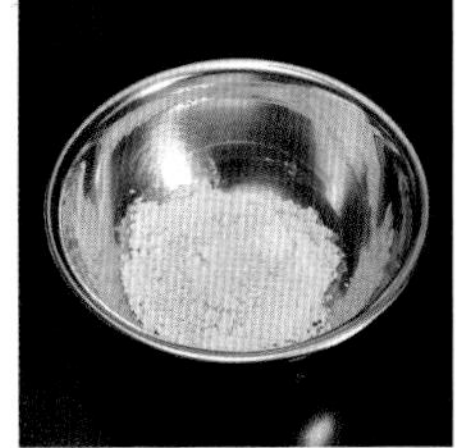

composant 1

おからのプディング

Pudding à l'*Okara*

材料　10人分（14×21cmのオーバル型グラタン皿1皿）

生のおから 150g

A
- 牛乳 180g
- 生クリーム（乳脂肪分35%） 30g

B
- 全卵 55g
- 卵黄 30g
- グラニュー糖 60g
- バニラビーンズの種 1/4本分

レーズン 50g

くるみ（ローストしたもの*） 50g

* 150℃に予熱したオーブンで約15分焼いたもの。

作り方

1 ボウルにおからを入れ、混ぜ合わせた**A**を少しずつ加えて混ぜる。

2 別のボウルに**B**を入れて泡立て器で混ぜ、**1**、レーズン、刻んだくるみを入れて混ぜる。

3 **2**をグラタン皿に入れて天板にのせ、140℃に予熱したオーブンで30〜40分焼く（途中、15分焼いたところで天板の奥と手前を入れ替える）。軽く揺らして中央がふるふるしなければ焼き上がり。

4 取り出し、温かいうちに皿に沿って一周ナイフを入れ、4cm角に切っておく。

composant 2

おからのクランブル

Crumble à l'*Okara*

材料　10人分

バター 40g

カソナード 30g

おからパウダー 30g

薄力粉* 25g

* 薄力粉の代わりに米粉を使ってもよい

作り方

1 ボウルに常温にもどしたバター、カソナード、おからパウダー、ふるった薄力粉の順に加え、そのつどゴムべらでよく混ぜる。手で握ってひとまとめにする。

2 ベーキングシートを敷いた天板に、**1**を1cmほどの大きさにちぎって広げ、そのまま15分ほどおいて乾燥させる。

3 150℃に予熱したオーブンで20〜25分焼く。

composant 3

りんごのコンポート
Compote de pommes

材料 4人分

りんご ……180g
グラニュー糖 ……45g
バター ……15g
レモン汁 ……8g
バニラビーンズのさやと種 ……1/6本分

作り方

1 りんごは皮と芯を除き、みじん切りにする。鍋にすべての材料を入れ、りんごが半透明になるまで弱めの中火で煮る。

2 バニラのさやを避けてハンドブレンダーにかけ、ピューレ状にする。

composant 4

焼きりんご
Pommes au four

材料 4人分

りんご ……1個
グラニュー糖 ……適量

作り方

1 りんごは皮と芯を除き、12等分のくし形に切る。ベーキングペーパーを敷いた天板にりんごを並べてグラニュー糖をふる。

2 170℃に予熱したオーブンで20分ほど焼く（途中10分のところで裏返し、グラニュー糖をふる）。トレーなどに取り出しておく。

〚 組み立て・盛り付け 〛

材料 仕上げ用

グラニュー糖 ……適量
粉糖 ……適量
サワークリーム ……適量
バニラビーンズのさや（2番さやをカットしたもの）……1/2本

1
プディングが冷めていたらオーブンで温める。表面にグラニュー糖をふり、バーナーで炙って焦げ目をつける。焼きりんごにもグラニュー糖をふり、バーナーで焦げ目をつける。

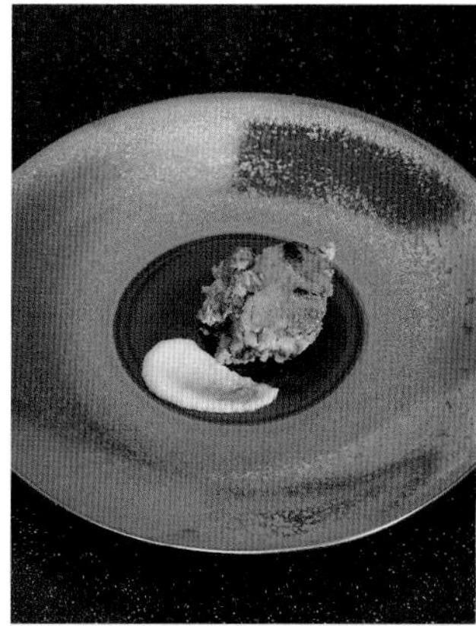

2
盛り付け用の皿にりんごのコンポートを敷き、おからのプディングを盛る。

3
焼きりんごを2切れ盛り、あいたところにりんごのコンポートを添える。クランブルをのせ、粉糖をふる。小さめのクネル型にとったサワークリームをのせ、バニラのさやを飾る。

干し湯葉とトロピカルフルーツのミルフィーユ
Millefeuille de *Yuba* et fruits exotiques

古くから僧侶の栄養源として精進料理に使われてきた湯葉。生もあるが、デザートには、より湯葉の味が伝わり、加工もしやすい干し湯葉を用いた。薄い見た目がパート・フィロに似ているところから発想を広げ、ミルフィーユ仕立てに。干し湯葉ならではのコシの強さが特徴的だ。

使用する和素材について

湯葉

Yuba
Peau de Tofu

DATA	
主な産地	京都府の比叡山山麓、栃木県日光市など古くからの門前町
保存方法	【干し湯葉】袋の口をしっかり閉めて常温保存

干し湯葉(平湯葉)

豆乳を煮立て、表面に張った生湯葉をすくい上げ、平たく乾燥させたもの。

干し湯葉(小巻湯葉)

生湯葉を半分ほど乾燥させた状態で巻き、食べやすい大きさに切ってから乾燥させたもの。

●使用例

干し湯葉をシロップや水でもどしてトースト風に焼いたり、刻んでタピオカミルクに加えるなど。中にクリームチーズなどを入れて巻き、揚げ春巻き風にしても。

干し湯葉のトースト

干し湯葉とタピオカのミルク

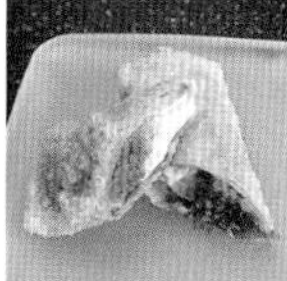
干し湯葉の揚げ春巻き

生湯葉

濃いめの豆乳を煮立て、表面に張った膜をすくい上げたもの。「引き上げ湯葉」ともいう。

●使用例

生湯葉にフルーツビネガーで作ったドレッシングをかけるなどしてシンプルに仕上げると、生湯葉の魅力が生きる。

● デザートに使う時のポイント

加工しやすいのは干し湯葉

生湯葉よりも干し湯葉のほうが、水分を飛ばしているぶん味が凝縮されているため、デザートの加工に向く。

生湯葉はなるべくシンプルに

生湯葉を使う時は、繊細な食感と味を生かすために、フルーツ系のソースをかけるだけなど、なるべくシンプルなデザートにアレンジにするとよい。

composant 1

干し湯葉のトースト

Yuba grillé

材料　6人分

A｜水 200g
｜グラニュー糖 80g

干し湯葉（9×16cmのもの）......6枚

作り方

1

鍋に**A**を入れて沸騰させ、シロップを作る。熱いうちに干し湯葉を入れ、30分ほど浸す。

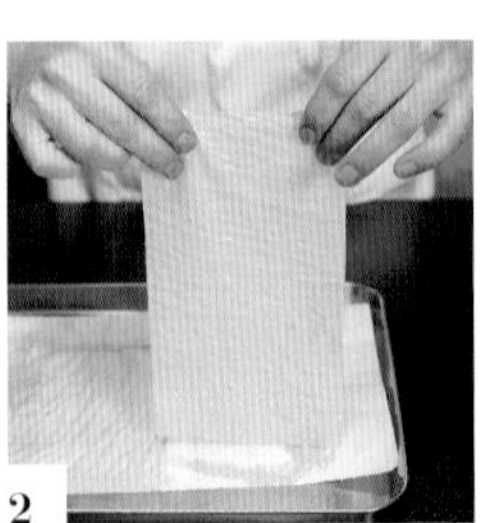

2

湯葉がやわらかくなったら、ペーパーの上に広げ、水気を拭く。

3

ベーキングシートを敷いた天板に、湯葉を重ならないように広げ、もう1枚ベーキングシートを重ねる。

4

その上にもう1枚天板を重ね、170℃に予熱したオーブンで15分ほど、焼き色がつくまで焼く。

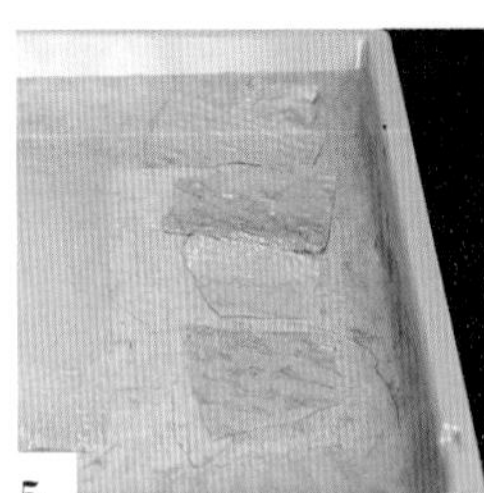

5

取り出して、天板と上のシートを外して冷まし、5cm大に割る。

composant 2

マスカルポーネのクリーム

Crème mascarpone

材料　20人分

生クリーム（乳脂肪分35%）......125g

卵黄 50g

グラニュー糖 100g

卵白 75g

マスカルポーネチーズ 125g

作り方

1　生クリームは八分立てにする。

2　ボウルに卵黄、分量の1/3量のグラニュー糖を入れ、泡立て器でリボン状に落ちるようになるまで混ぜる。

3　別のボウルに卵白、残りの2/3量のグラニュー糖を入れ、ハンドミキサーでメレンゲを作る。

4　1、2、3、マスカルポーネを手早く混ぜ合わせる。冷蔵庫で冷やす。

composant 3

パイナップルのマルムラード
Marmelade d'ananas

材料　20人分

パイナップル ……正味275g
マンゴー ……正味125g
りんご酢 ……20g
タイム ……1g
バニラビーンズペースト ……1g
A グラニュー糖 ……12g
ペクチンNH ……2g

作り方

1. パイナップルとマンゴーは皮をむき、パイナップルはかたい芯の部分を、マンゴーは種を除く。ともに細かく刻む。
2. 鍋に、1、りんご酢、タイム、バニラビーンズペーストを入れ、水分がなくなるまで混ぜながら煮詰める。
3. 混ぜ合わせた **A** を加えて沸騰させ、火から下ろして冷ます。

composant 4

干し湯葉とタピオカのミルク
Yuba et tapioca au lait

材料　20人分

A 水 ……300g
グラニュー糖 ……30g
乾燥タピオカ ……20g
B 水 ……200g
グラニュー糖 ……80g
干し湯葉（9×16cmのもの）……1枚
C 豆乳 ……75g
カソナード ……7.5g
パイナップルのマルムラード〈左記参照〉……20g

作り方

1

A を沸騰させてシロップを作り、乾燥タピオカとともに耐熱容器に入れる。ふんわりとラップをかけ600Wの電子レンジで30秒～1分30秒、様子をみながら加熱する。タピオカが半透明の（芯がまだ残っている）状態になったら取り出し、そのまま余熱で火を通す。冷蔵庫で冷やす。

2

B を沸騰させてシロップを作り、熱いうちに干し湯葉を浸し、30分ほどおく。

3

耐熱ボウルに **C** を入れて電子レンジで軽く温め、カソナードを溶かす。底を氷水に当てて混ぜながら冷やす。

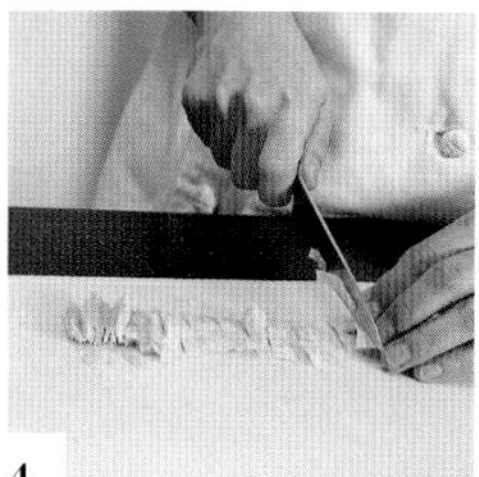
4

もどした湯葉をペーパーに広げてシロップをきり、横4等分に切って重ね、5mm幅に切る。これを3のボウルに入れ、シロップをきったタピオカも加えてなじませる。

〚 組み立て・盛り付け 〛

材料 仕上げ用

粉糖 ……適量

1
小さなガラスのカップにパイナップルのマルムラードを20gほど入れておく。

2
盛り付け用の皿の左側に、滑り止め用のマスカルポーネのクリームを少量盛り、干し湯葉のトーストをのせる。

3
2の上に、パイナップルのマルムラード、トースト、マスカルポーネのクリーム、トーストの順に重ね、これをもう1度繰り返し上に重ねる。

4
最後にパイナップルのマルムラード、トーストを重ね、粉糖をふる。

5
1のカップの中に、干し湯葉とタピオカのミルクを入れ、盛り付け用の皿の右側に配置する。

♯8

くだもの

Fruits

柚子とチョコレートのクープ

Coupe au *Yuzu* et chocolat

柚子はフランスでもとてもメジャーな和素材。
日本でもありとあらゆるものに使われているため、
ここではあえてクラシックなものと合わせた。
チョコレートとの組み合わせは定番だがやはりおいしい。
タピオカ粉で作るチップスの、鮮やかな色味がポイントになっている。

使用する和素材について

柚子

Yuzu
Agrume acide

DATA	
分類	ミカン科ミカン属
主な産地	高知県、徳島県、愛知県
旬	黄柚子は11下旬〜12月下旬、青柚子は8月
選び方	全体が色付き、皮がかたく張りがあるもの。香りが良く、ヘタの切り口が新鮮なもの
保存方法	乾燥しないようにポリ袋に入れ、冷暗所または冷蔵庫で保存

柚子（黄柚子）

寒さに強い数少ない柑橘類で、フランスでも「ユズ」の名で知られる。柑橘の中でも味がはっきりしていて、少量でも風味が立つのでデザートに展開しやすい。種が多く、ペクチンが多く含まれる。

青柚子

夏に出回る青柚子は、黄色に色づく前のもの。黄柚子よりも果汁が少なめ。

● 使用例

表皮を削って風味付け

ゼスターで表皮を削って、生地に加えたり、仕上げにひと振りして風味づけ。

果汁を使ってムースやソルベに

柚子の果汁は酸味が強く、少し苦味があるので、レモンやライムと同じ感覚で配合を考えるとよい。

外皮ごと煮て マルムラードやコンフィに

外皮ごと煮てマルムラード〈P202〉やコンフィに。

● デザートに使う時のポイント

強い風味同士が相性◎

柚子のコンビ相手には「柚子に負けない、強い風味を持つ食材」を選ぶのがコツ。例えば、チョコレートは、濃厚な味わいで柚子の味に負けず、相性も良い。

引き立て役としても

柚子は、レモンやオレンジなどと同様に引き立て役としても優秀。特にいちごやフランボワーズなどのベリー系と相性が良く、柚子を少量加えるとそれらの味が引き立つ。

果汁は少なめ。市販品をうまく使って

柚子は種が大きく、果汁は1個あたり20gほどとかなり少なめ。まとまった数のデザートを作る時は、市販の果汁100%柚子ジュースを使用しても。

ペクチン質が豊富

柚子はペクチンの含有量が多く、特に種や外皮に多く含まれている。そのため作るものによっては別途ペクチンを添加しなくてすむ場合も。

煮る前に湯通しを

外皮ごと煮る時は、事前に何等分かに切って一度、湯通しするとよい。皮やワタに含まれた苦味が軽減し、外皮がやわらかくなる。

表皮を削る

果汁を使って

外皮ごと煮て

composant 1

柚子のマルムラード

Marmelade de *Yuzu*

材料 5人分

柚子 ......正味400g(約6個)

柚子の果汁 40g

A | グラニュー糖 88g
ペクチンNH 4g

作り方

1

柚子はへたを除き、半割りにして1回湯通しする。種を除きながら2cm大にカットし、計量する。Aは混ぜ合わせておく。

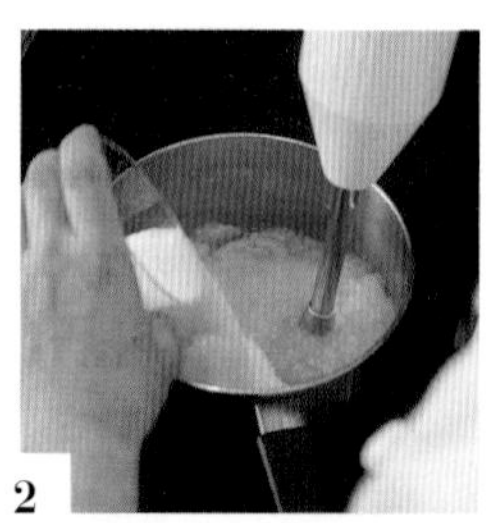

2

鍋に1、柚子の果汁を入れ、沸騰させる。一度火から下ろし、ハンドブレンダーで撹拌しながらAを加える。

3

2を再び火にかけ、沸騰させる。

composant 2

ジェノワーズ・ショコラ

Génoise au chocolat

材料 直径6cmの円形8個分(15cm四方のキャドル2台分)

A | 全卵 120g
グラニュー糖 75g
はちみつ 10g

B | 薄力粉 50g
カカオパウダー 16g

牛乳 20g

作り方

1 Bは合わせてふるっておく。ベーキングシートを敷いた天板にキャドルを置き、中にベーキングペーパーを敷いておく。

2 ボウルにAを入れ、ハンドミキサーでリボン状の筋ができるまで泡立てる。Bを加えてなるべく泡がつぶれないようにゴムべらで混ぜ合わせ、牛乳を加えて混ぜる。

3 2を1のキャドルに流し入れ、横を叩いて180℃に予熱したオーブンで10分ほど焼く。

4 キャドルから外して冷まし、直径6cmのセルクルで抜く。

composant 3

カカオニブのソルベ

Sorbet aux grués de cacao

材料　8人分

- A
  - 牛乳 ……300g
  - 生クリーム ……50g
  - カカオニブ ……30g
  - 水あめ ……30g
- B
  - グラニュー糖 ……40g
  - 安定剤 ……4g

作り方

1 鍋に A を入れて混ぜ、80℃ほどまで温める。混ぜ合わせた B を加えて沸騰させ、火を止める。そのまま冷ます。

2 1を漉し、アイスクリームマシンにかける。

composant 4

柚子とマスカルポーネのクレーム・シャンティイ

Crème Chantilly *Yuzu* / mascarpone

材料　5人分

- A
  - 生クリーム（乳脂肪分35%）……200g
  - マスカルポーネチーズ ……50g
  - グラニュー糖 ……10g
  - バニラビーンズの種 ……1/6本分
- すりおろした柚子の表皮 ……1/2個分

作り方

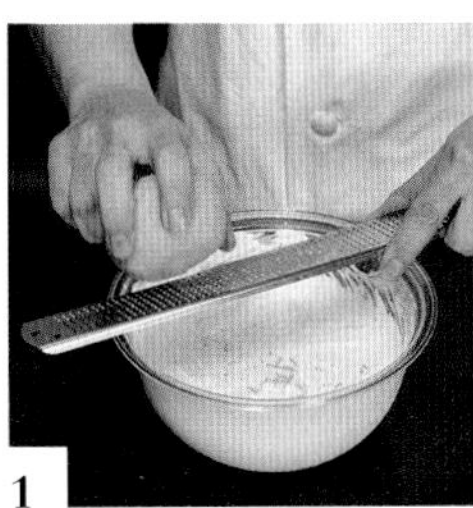
1

ボウルに A を入れ、ハンドミキサーで泡立てる。すりおろした柚子の表皮を加え、軽く混ぜる。

composant 5

柚子風味のチップス

Chips au *Yuzu*

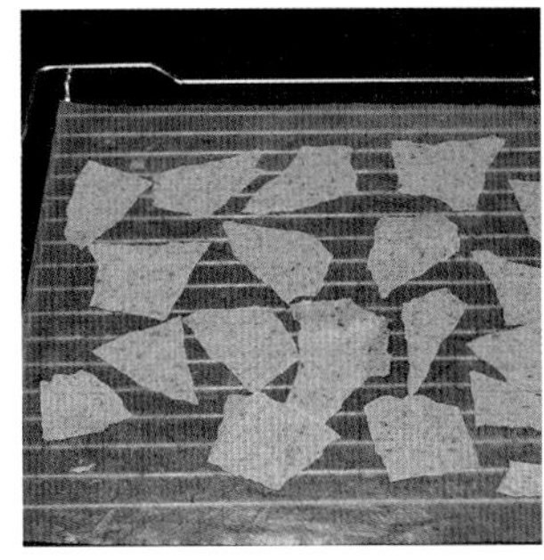

材料　作りやすい量

- A
  - タピオカ粉* ……4g
  - 水 ……15g
- 柚子のマルムラード〈P202参照〉……200g

＊ タピオカ粉…タピオカの原料であるキャッサバイモのでんぷんの粉末。片栗粉やコーンスターチと似ており、コシが強いのが特徴

作り方

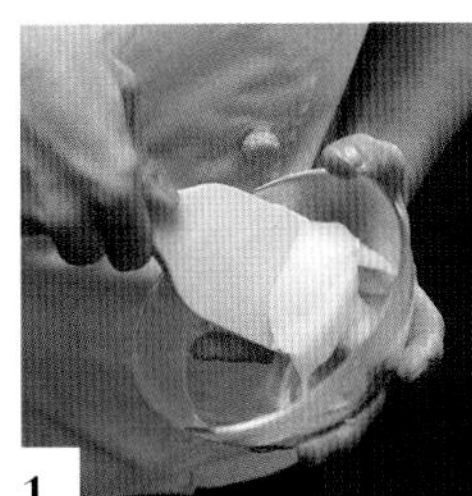
1

耐熱容器に A を入れてよく混ぜる。600W の電子レンジで 10〜15 秒加熱し、取り出してゴムべらで混ぜる。これを何度か繰り返し、生地に弾力が出てくるまで行う。

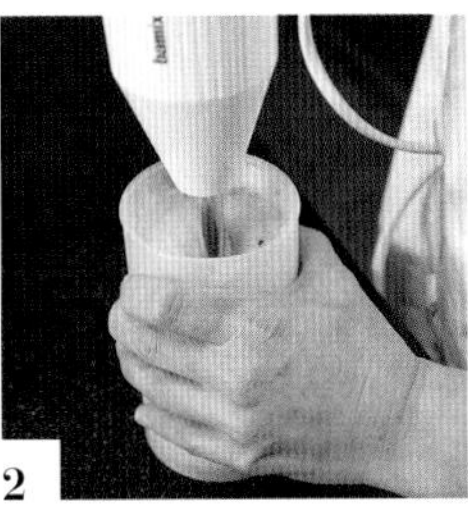
2

1と柚子のマルムラードを合わせ、ハンドブレンダーで攪拌する。

3

ベーキングシートを敷いた天板に、2をパレットナイフでなるべく薄く広げる。80℃に予熱したオーブンで3時間ほど、乾燥焼きにする。

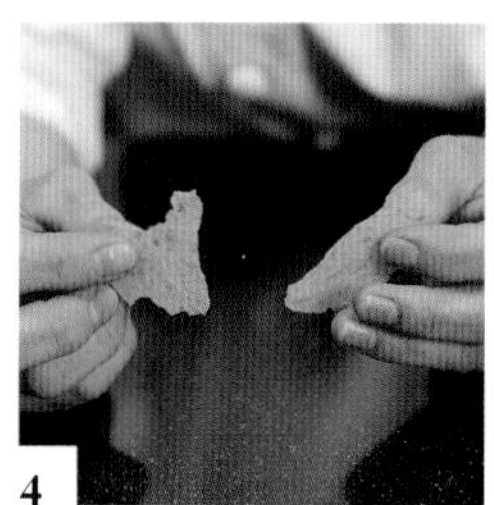

4

一部をちぎって取り出し、冷ましてみて、パリッと割れたら焼き上がり（しなっとしていたら、さらに焼く）。取り出してそのまま冷まし、5cm大に割る。

〚 組み立て・盛り付け 〛

材料 仕上げ用

カカオニブ ……適量
すりおろした柚子の表皮 ……適量

1

口径10mmの丸口金をつけた絞り袋に柚子のマルムラードを入れ、盛り付け用のグラスに50gほど絞り入れる。ジェノワーズ・ショコラをのせて軽く押し込む。

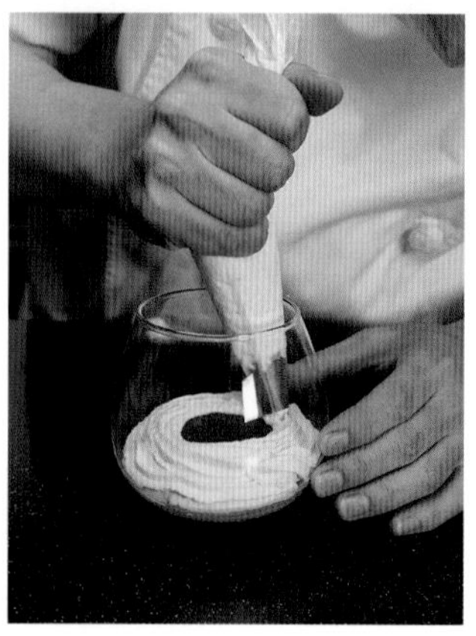

2

別の絞り袋に星口金をつけ、柚子とマスカルポーネのクレーム・シャンティイを入れ、ジェノワーズ・ショコラの周りにたっぷり絞る。

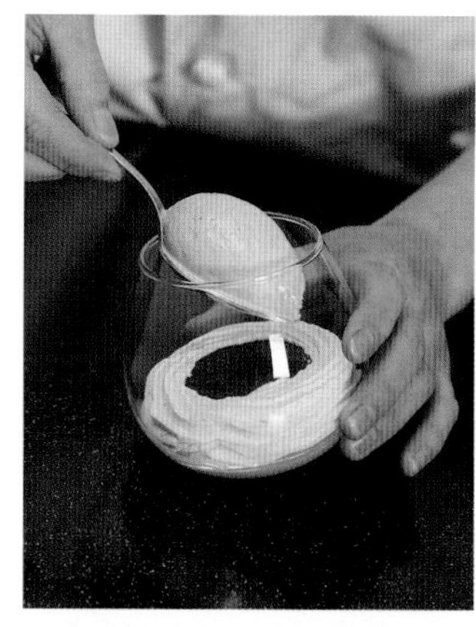

3

カカオニブのソルベをクネル型にとり、ジェノワーズ・ショコラの上にのせる。

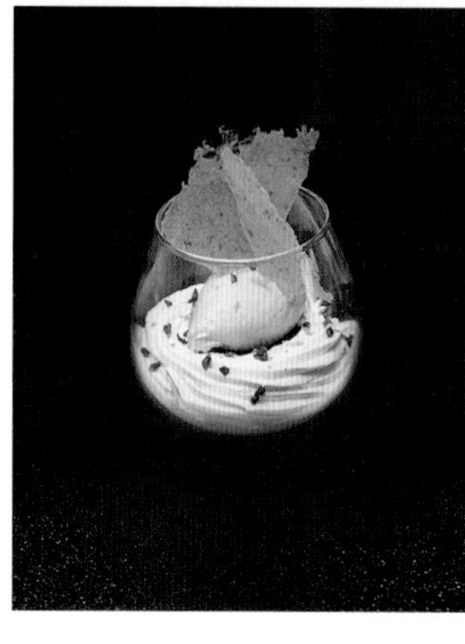

4

すりおろした柚子の表皮、カカオニブを散らす。ソルベに柚子のチップスを2枚刺す。

日向夏のヴァシュラン

Vacherin au *Hyuganatsu*

日向夏の特徴は、実と外皮のあいだの白いワタも食べられること。
このワタがほのかに甘みがあっておいしい。実の部分は
それだけ食べてもどこか物足りなく、白いワタや皮とセットでこその味だと思う。
フランスの定番デザート、ヴァシュランに取り入れ、アーモンドや
バニラを合わせてリッチな一皿に仕上げた。

使用する和素材について

日向夏

Hyuganatsu
Agrume japonais

DATA

分類	ミカン科ミカン属
主な産地	宮崎県
旬	ハウスものは1～2月、露地ものは3～4月
選び方	全体が均一に色付き、皮に張りがあるものを。サイズの大小に限らず、しっかりと重みを感じるものが良品
保存方法	ポリ袋に入れ、冷暗所または冷蔵庫で保存

日向夏

高知県の「土佐小夏」や、伊豆の「ニューサマーオレンジ」と同品種。すっきりとした甘味と酸味があり、実や外皮だけでなく、白いワタの部分も食べられ、デザートに展開しやすい。

◉ デザートに使う時のポイント

スパイスやアーモンドで主役級に

日向夏は実だけ単独で食べると味がやや弱いが、バニラビーンズや黒胡椒などのスパイスや、アーモンドを合わせると主役級の味わいにランクアップする。

白いワタも食べられる

日向夏の特徴は、白いワタも食べられ、ジューシーで、苦味が少ないこと。特性を生かしたデザート展開を。

◉ 使用例

白いワタもおいしく活用

日向夏は文旦の仲間の中では苦味が少なく、ふかふかの白いワタもそのままおいしく食べられる。ワタ付きのまま実をカットして使うのがおすすめだ。

白いワタ

外皮ごと使ってマルムラードやコンフィに

外皮ごと煮てマルムラード〈P207〉やコンフィ〈P209〉に。日向夏は苦味が少ないので、湯通しは1～2回でOK。

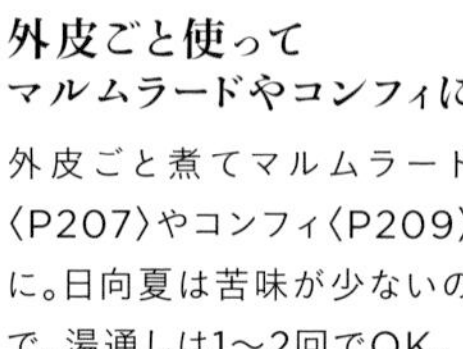

日向夏のマルムラード

オーブンで乾燥させてチップスやパウダーに

皮ごと薄くスライスし、オーブンで2時間ほど乾燥焼きにしてチップス〈P209〉にし、飾りに使う。粉砕して生地に混ぜてもよい。

日向夏のチップス

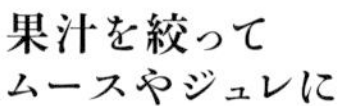

果汁を絞ってムースやジュレに

果汁の爽やかな酸味を生かしてムースやジュレに。

composant 1

日向夏のマルムラード
Marmelade de *Hyuganatsu*

材料 40人分

日向夏 ......正味500g(2〜3個)

バニラビーンズのさやと種 1/4本

A | グラニュー糖 50g
　| ペクチンNH 5g

作り方

1

日向夏は半割りまたは四つ割りにして1〜2回湯通しする。ヘタを除き、外皮ごと細かく切る。**A**は混ぜ合わせておく。

2

鍋に日向夏、バニラビーンズを入れて沸騰させる。いったん火から下ろしてバニラのさやを除き、**A**を加えながらハンドブレンダーで攪拌する。

3

バニラのさやを戻して再び沸騰させ、そのまま冷ます。

composant 2

日向夏のソルベ
Sorbet au *Hyuganatsu*

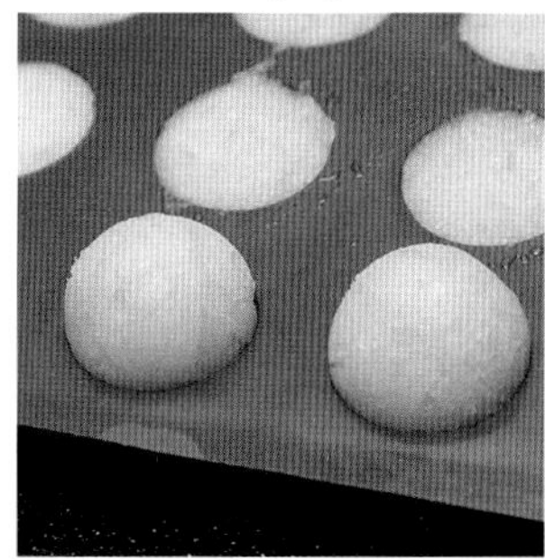

材料 直径3cmの半円形シリコン型12個分

A | 水 96g
　| すりおろした日向夏の表皮 5g
　| 水あめ 39g

B | グラニュー糖 25g
　| 安定剤 2g

日向夏の果肉 ......210g(約3個分)

レモン汁 10g

作り方

1 鍋に**A**を入れて温め、混ぜ合わせた**B**を加えて沸騰させる。

2 ボウルに移し、底を氷水に当てて混ぜながら冷やす。

3 日向夏の果肉、レモン汁を加え、ハンドブレンダーで混ぜる。アイスクリームマシンにかける。

4 直径3cmの半円形シリコン型に詰め、冷凍庫で冷やしておく。

composant 3

アーモンドソルベ
Sorbet aux amandes

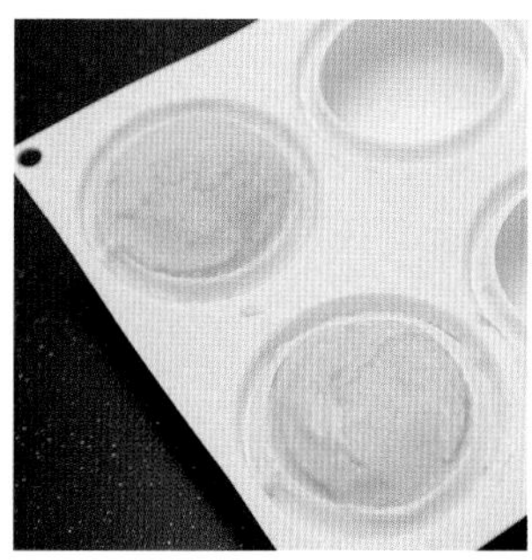

材料 直径6.5cmの平たい円形シリコン型6個分

A アーモンドミルク（無糖）……250g
生クリーム（乳脂肪分35%）……72g
牛乳 ……40g

アーモンドパウダー ……60g

B グラニュー糖 ……30g
安定剤 ……2g

アーモンドシロップ ……60g

アーモンドエッセンス ……5g

日向夏のソルベ〈P207参照〉……6個

作り方

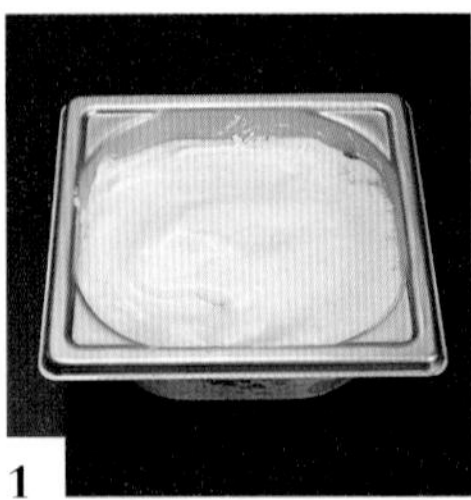

1

鍋に**A**を入れて温め、アーモンドパウダー、混ぜ合わせた**B**を加え、焦がさないように沸騰させる。ボウルに移して底を氷水に当てて混ぜながら冷やし、アーモンドシロップ、アーモンドエッセンスを加え、アイスクリームマシンにかける。

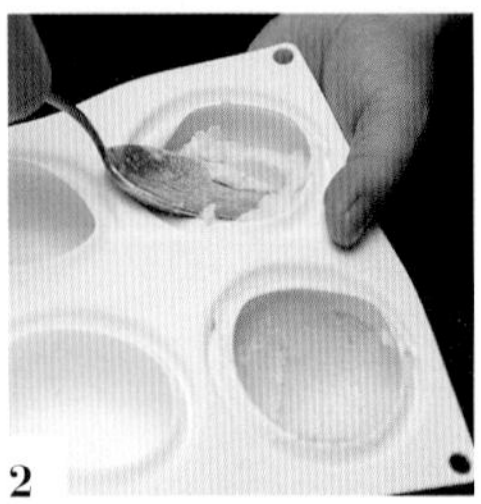

2

できたアーモンドソルベを、直径6.5cmの平たい円形のシリコン型の内側に、スプーンで薄く塗りつける（中はあけておく）。

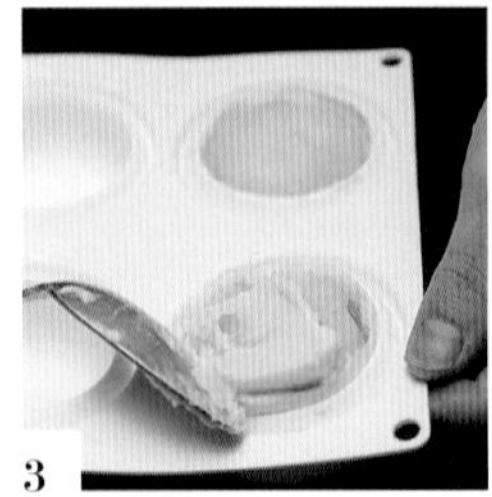

3

中に日向夏のソルベを押し込み、上にアーモンドソルベをのせて中身を包み込む。冷蔵庫で冷やし固める。

composant 4

日向夏のメレンゲ

Meringue au *Hyuganatsu*

材料 20人分

卵白 ……100g

A グラニュー糖 ……20g
トレハロース ……35g

B 粉糖 ……100g
日向夏パウダー〈P209「日向夏のチップス」をミルで粉砕したもの〉……1g

作り方

1

Aは混ぜ合わせておく。**B**はともにふるっておく。

2

ボウルに卵白を入れてハンドミキサーで軽く泡立て、少しずつ**A**を加えて固いメレンゲを作る。この時、しっかりトレハロースが溶けているか確認する（食べてみてジャリッとしなければOK）。

3

2に**B**を加えてゴムべらでさっくりと混ぜる。

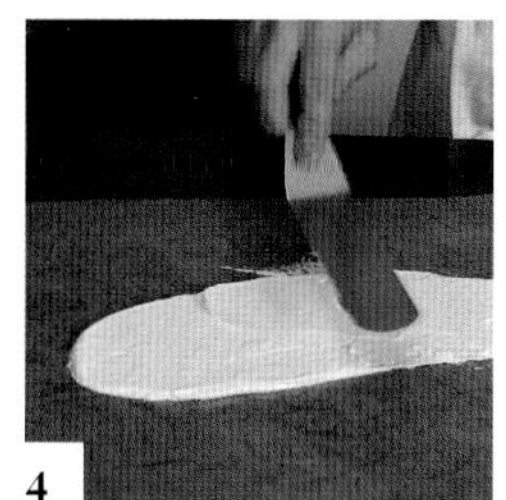
4

ベーキングシートを敷いた天板に3をパレットナイフで0.3mm厚さに広げ、90℃に予熱したオーブンで約2時間ほど乾燥焼きにする。天板から外し、冷ます。

日向夏のチップス

1 日向夏1個は4等分に切って種を除き、冷凍する。断面をスライサーに当ててスライスし、ベーキングシートを敷いた天板に並べる。

2 90℃に予熱したオーブンで2時間ほど乾燥焼きにする。乾燥剤を入れて保存し、用途に応じてミルでパウダー状にする。

composant 5

日向夏のポシェ

Hyuganatsu poché

材料 16〜18人分

日向夏 2個

A
- 水 200g
- グラニュー糖 80g
- レモン汁 10g

作り方

1

日向夏は天地を切り、5mm幅に横にスライスし、種を除く。耐熱容器に入れておく。

2

鍋にAを入れて沸騰させ、熱いうちに1に注ぐ。空気が入らないように表面にラップを貼り付けてそのまま冷まし、冷蔵庫に一晩おく。

composant 6

日向夏のコンフィ

Hyuganatsu confit

材料 作りやすい分量

日向夏 ......1〜2個

シロップ（グラニュー糖と水を1:2の割合で沸騰させ冷ましたもの）......500g

グラニュー糖 ......80g×3〜4回

作り方

1 日向夏は四つ割りにし、一度、湯通しする。

2 鍋でシロップを90℃に熱し、日向夏を入れる。落としぶたをして弱火で再び90℃になるまで熱し、火を止める。表面が乾かないように落しぶたをしたまま、常温で1日おく。

3 日向夏を取り出し、シロップだけ加熱してグラニュー糖80gを加え、沸騰させる。日向夏を戻し入れて落としぶたをし、弱火で90℃まで温めて火を止め、常温で1日おく。これをあと2〜3回繰り返す。

〚 組み立て・盛り付け 〛

材料 仕上げ用

日向夏 ……適量

日向夏パウダー〈P209「日向夏のチップス」をミルで粉砕したもの〉……適量

1

日向夏は白いわたの部分を残して外皮をむき、8等分のくし形に切る。日向夏のコンフィは汁気をきってせん切りにする。日向夏のポシェはキッチンペーパーにのせて汁気をきる。

2

盛り付け用の皿の左側に、日向夏のマルムラードを少量盛り、上に5cm大に割ったメレンゲを1枚のせる。これをもう一度繰り返して重ねる。

3

2のそばに日向夏のポシェを1枚置く。

4

2の上にソルベを置き、日向夏のコンフィを飾る。

5

くし形に切った日向夏を3切れ飾り、日向夏パウダーを散らす。

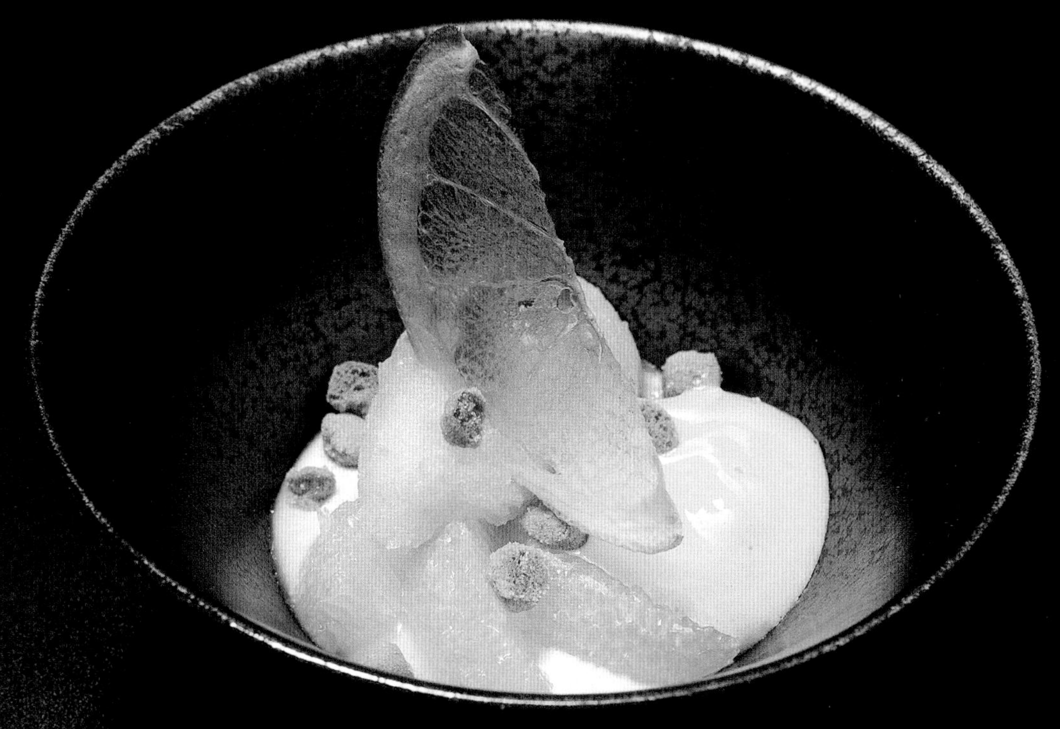

大橘とパンナコッタのコンポジション

Composition d'*Otachibana* et panna cotta

太橘は文旦の仲間でグレープフルーツとよく似ており、
味わいは爽やかだが淡白。そこで、
こっくりとしたクリーム系のパンナコッタを合わせて、
サバイヨンで香りよく仕上げた。シンプルな構成だが、
教室の生徒さんにも好評だったデザートだ。

使用する和素材について

大橘

Otachibana
Pamplemousse japonais

DATA

分類	ミカン科ミカン属
主な産地	熊本県、鹿児島県
旬	2〜3月
選び方	全体が均一に色付き、皮に張りがあるもの。サイズの大小に限らず、しっかりと重みを感じるものが良い
保存方法	ポリ袋に入れ、冷暗所または冷蔵庫で保存

大橘

文旦の仲間で、熊本の特産品であるパール柑や、鹿児島でサワーポメロと呼ばれているものと同品種。さわやかな酸味とほのかな苦味が特徴のいわば「日本のグレープフルーツ」。種が多い。

◉ デザートに使う時のポイント

さっぱり系フルーツ+スパイスが合う

クリーム系のコクを合わせるほか、同じ柑橘系やいちごを合わせてさっぱりまとめても。フルーツだけで構成する場合は、わさびや山椒、黒胡椒など辛味のあるスパイスを加えると味のコントラストがはっきりする。

果汁は実を攪拌して取る

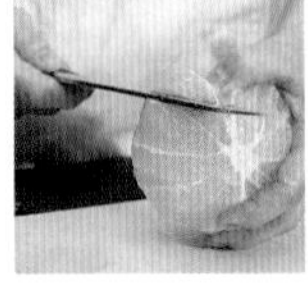

大橘は外皮が厚く果肉の粒もかためで、絞り器では果汁がとりづらいので、実を取り出してからハンドブレンダーで攪拌する方法がおすすめ。こうすると余すところなく果汁がとれ、外皮の苦味も入らない。

苦味抜きには湯通しを

大橘は外皮と、外皮と実のあいだの白いワタに苦味がある。苦味をやわらげたい時は、事前に2〜3回湯通しをするとよい。何等分かにカットしてから湯通しすると、ワタの苦味もやわらぐ。

◉ 使用例

外皮ごと煮て コンフィやマルムラードに

グラニュー糖と一緒に煮てコンフィやマルムラードに。

大橘のコンフィ

オーブンで乾燥して チップスに

皮ごと薄くスライスし、オーブンで2時間ほど乾燥焼きにしてチップスに。それをパウダー状にして生地に混ぜてもよい。

大橘のチップス

果汁を使って ムースやジュレに

果汁の爽やかな味わいを生かし、ムースやジュレに。

表皮を削って 風味付け

外皮の表面を軽くすりおろし、アイスやソルベなどに入れると風味がアップする。

大橘のソルベ

composant 1

パンナコッタ
Panna cotta

材料 3〜4人分

生クリーム(乳脂肪分35%) 150g

カソナード 24g

板ゼラチン 1.2g

作り方

1 板ゼラチンは氷水でもどしておく。

2 鍋に生クリームとカソナードを入れて50℃ほどまで温め、水気を絞ったゼラチンを加えて溶かす。

3 ボウルに移し、底を氷水に当てて混ぜながら20℃ほどまで冷やす。

4 深みのある盛り付け用の皿に流し、冷蔵庫で冷やし固める。

composant 2

大橘のソルベ
Sorbet à l'*Otachibana*

材料 8人分

大橘の果肉 230g

A 水 80g
水あめ 25g
すりおろした大橘の表皮 ......適量

B グラニュー糖 25g
安定剤 1g

作り方

1 鍋にAを混ぜ、沸騰直前まで温め、混ぜ合わせたBを加えて沸騰させる。ボウルに移し、底を氷水に当てて混ぜながら冷やす。

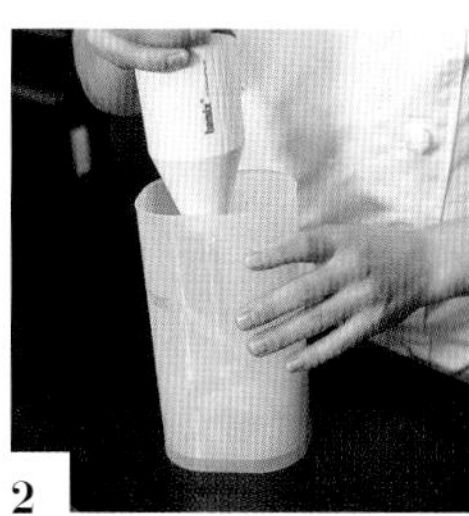

2 1に大橘の果肉を入れ、ハンドブレンダーで攪拌する。アイスクリームマシンにかける。

composant 3

大橘のチップス
Chips d'*Otachibana*

材料 8人分

大橘 1/2個

作り方

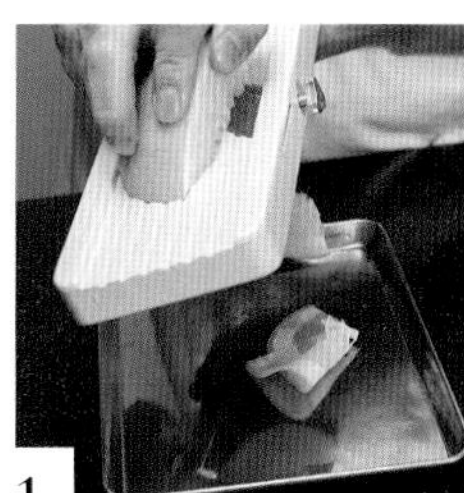

1 大橘は半分に切って種を除き、冷凍する。断面をスライサーに当ててスライスし、ベーキングシートを敷いた天板に並べる。

2

90℃に予熱したオーブンで2時間ほど乾燥焼きにする。

composant 4

クランブル
Crumble

材料 8〜10人分

バター（有塩）……20g
粉糖……20g
アーモンドパウダー……20g
薄力粉……20g

作り方

1 ボウルに常温にもどしたバター、ふるった粉糖、アーモンドパウダー、ふるった薄力粉の順に加え、粉っぽさがなくなるまでカードでよく混ぜる。

2 カードでざっとひとまとめにし、手で1cmほどの大きさにちぎり、ベーキングシートを敷いた天板に広げる。そのまま15分ほどおいて乾燥させる。

3 160℃に予熱したオーブンで約15分焼く。天板を取り出してそのまま冷まし、ほぐす。

composant 5

大橘のサバイヨン
Sabayon à l'*Otachibana*

材料 6人分

卵黄……40g
はちみつ……15g
大橘の果汁〈果汁の取り方はP212参照〉……36g
コアントロー……2g

作り方

1

ボウルにすべての材料を入れ、弱火で湯せんにかけながら泡立て器で泡立てる。角が立つ状態になったら完成。

〚組み立て・盛り付け〛

材料 仕上げ用

大橘 ……適量

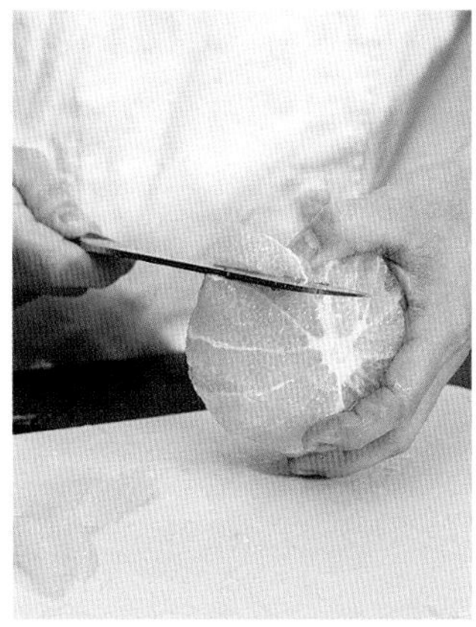

1
大橘はカルチエ切りにする（1人分につきカルチエ3個）。

2
パンナコッタの上に、滑り止め用のクランブルと、**1**をのせる。

3
クランブルの上にクネル型にとった大橘のソルベをのせ、あいたところに大橘のサバイヨンをかける。

4
クランブルを散らし、ソルベに大橘のチップスを刺す。

びわのロティ、
びわの葉茶のアイスクリーム

Biwa roti, crème glacée au thé de *Biwa*

びわは淡く上品な味わいが身上。あまり手を加えず、びわの味を丸ごと楽しめるデザートにした。
古くから生薬として利用されてきたびわの葉も用いて、びわ尽くしの一皿に。
ジューシーなロティやアイスと、サクサクのフィユタージュ。食感のコントラストも楽しい。

使用する和素材について

びわ

Biwa
Nèfle du Japon

DATA

分類	バラ科ビワ属
主な産地	長崎県、千葉県、香川県、鹿児島県
旬	5月～6月中旬
選び方	色が濃く、皮がうっすら産毛に覆われているもの
保存方法	実は冷暗所で2日。生の葉は水気を拭き、冷蔵保存

びわの実

上品な甘みとほのかな酸味を持つくだもの。皮は、軸と反対側のお尻のほうから皮をめくるときれいにむける。

びわのロティ

◉使用例

皮つきのままオーブンで焼いてロティにしたり、皮と種を除いてポシェにしたり、煮てマルムラードにするなど。

びわの葉(生)

古くから咳を鎮めたり胃を丈夫にするなどの薬効が知られるびわの葉。デザートにも主に香り付けとして活用できる。

◉使用例

びわの実に葉をかぶせてロティにすると、ほんのりとした葉の香りがつけられる〈P218参照〉。

びわのロティ

◉下処理

ブラシでこすって産毛をとる

葉の裏側には産毛が生えているので、歯ブラシでこすって取り除き、水洗いして水気を拭く。

びわの葉(乾燥)

「びわの茶葉」として市販されている。びわの葉を乾燥させたもので、湯を注ぐとお茶になる。自作する場合は、下処理した生の葉を、80～90℃のオーブンで3～4時間オーブンで乾燥焼きにする。

◉使用例

牛乳や生クリームなどに乾燥したびわの葉を入れ、加熱して蒸らし、エキスを抽出してアイスやムースなどを作る。

びわの茶葉のアイスクリーム

◉ デザートに使う時のポイント

余分なものを足さない

びわは味が繊細なので、余分なものを加えすぎると、味が負けてしまう。最低限のものを組み合わせて、びわそのものの味を生かす。

びわは「丸ごと」使う

びわの実は香りが弱いので、丸ごと使うほうが味が生き、また存在感もアピールできる。

composant 1

びわのロティ
Biwa roti

材料　4人分

びわの葉(生・下処理したもの〈P217参照〉) ……適量

びわ ……8個

A | はちみつ(アカシア) ……120g
　| バター ……40g

作り方

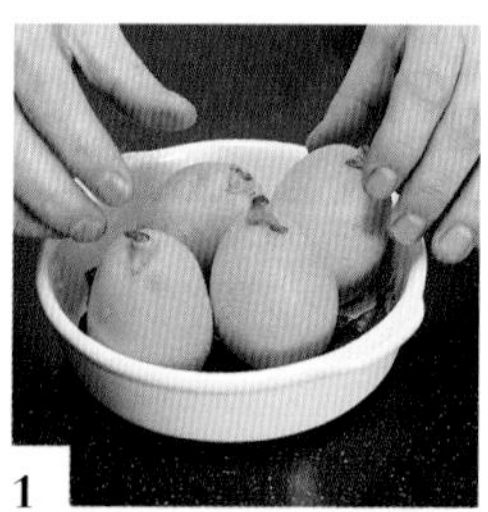

1

びわの葉は太い葉脈をハサミでカットし、大きめに切って耐熱皿(グラタン皿やココットなど)に敷く。その上に、底を少しカットしたびわを皮つきのまま立ててのせる。

2

別の耐熱容器に **A** を入れ、電子レンジで温めてバターを溶かし、混ぜ合わせて 1 のびわの上にかける。残った葉をびわにかぶせる。

3

アルミホイルで覆い、180℃に予熱したオーブンで 20 分焼く(10 分焼いたところで取り出し、びわを転がして全体に火が通るように向きを変え、再び葉とアルミホイルをかぶせてさらに 10 分焼く)。

4

手でびわを触ってみて、やわらかくなっていたら焼き上がり。まだ固いようなら焼き時間を足す。

composant 2

フィユタージュ・アンヴェルセ
Feuilletage inversé

材料　20人分

A | バター ……225g
　| 薄力粉 ……45g
　| 強力粉 ……45g

B | 薄力粉 ……110g
　| 強力粉 ……100g
　| 塩 ……8g
　| 溶かしバター ……68g
　| 水 ……85g

グラスロワイヤル

C | 卵白 ……50g
　| 粉糖 ……250g
　| レモン汁 ……10g

作り方

1 製菓用ミキサーのボウルに **A** を入れ、パレットで混ぜる。まとまったら取り出して四角形に整え、ラップで包んで冷蔵庫で最低 2 時間寝かせる。

2 **B** も同様に製菓用ミキサーで混ぜ、**A** と同じ大きさの四角形に整えてラップで包み、冷蔵庫で最低 2 時間寝かせる。

3 **A** の生地を、**B** の 2 倍の長さになるように麺棒で縦長に伸ばす。

4 **A** の生地の手前に **B** を重ねて置き、**A** を向こう側から手前に折りたたみ、左右と手前の端を閉じて **B** の生地を完全に包み込む。

5　4を前後に伸ばして三つ折りにする。生地を90度回転させ、再び前後に伸ばして今度は四つ折りにする。同様にして三つ折り、四つ折りをもう1回ずつ繰り返す。

6　生地を5mm厚さにのばし、ラップで包んで冷蔵庫で2時間寝かせる（または冷凍する）。

7　冷たいままの（または冷凍したままの）フィユタージュの表面に、よく混ぜ合わせた**C**を塗る。2.5×12cmの長方形に切ってベーキングシートを敷いた天板に並べ、160℃に予熱したオーブンで50分ほど焼く。

composant 3

びわのマルムラード
Marmelade de *Biwa*

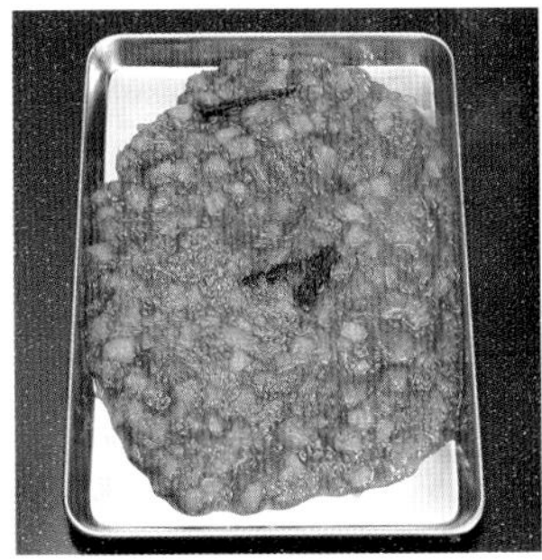

材料　8人分

びわ……250g

カソナード……25g

レモン汁……5g

バニラビーンズのさやと種……1/4本分

作り方

1

びわは皮をむいて種を除き、みじん切りにする。鍋に入れ、その他のすべての材料を加えて軽く煮る。

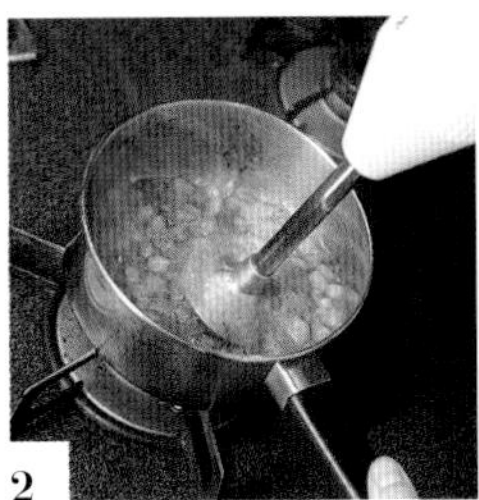

2

バニラビーンズのさやをよけてハンドブレンダーに軽くかけ、半分ほどペースト状にする。

3

再び火にかけ、焦げないように注意しながら煮詰める。

composant 4

びわの葉茶のアイスクリーム
Crème glacée au thé de *Biwa*

材料　12人分

A
- 牛乳……400g
- 生クリーム（乳脂肪分35%）……250g
- びわの茶葉（乾燥）……18g

B
- 卵黄……180g
- カソナード……30g

サワークリーム……30g

作り方

1

鍋に**A**を入れて混ぜ、火にかける。沸騰したら火を止め、ふたをしてそのまま10分ほど蒸らす。

2

ボウルに**B**を入れて泡立て器ですり混ぜる。**1**を半量入れて混ぜ、それを鍋に戻し、全体を混ぜながら83℃まで温める。

3

2を漉しながらボウルに入れる。この時、茶葉をゴムべらで押しながらしっかりと茶葉のエキスを出す。

4

ボウルの底を氷水に当てて混ぜながら冷やし、サワークリームを加える。アイスクリームマシンにかける。

[組み立て・盛り付け]

材料 仕上げ用

びわの葉(生・下処理したもの〈P217参照〉) 1人分につき1/2枚
びわ ......適量
粉糖 ......適量

1

フィユタージュは横からナイフを入れて厚みを半分に切る。下のフィユタージュの内側を軽く押してへこませ、びわのマルムラードを入れて上のフィユタージュではさむ。

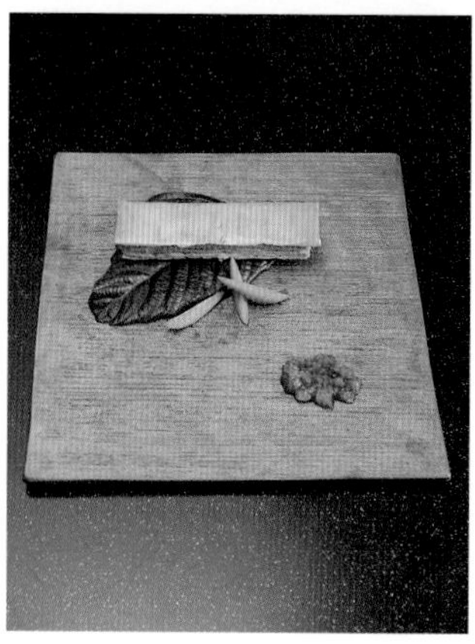

2

盛り付け用の皿の奥側にびわの葉を置き、その上に1をのせ、細長く切ったびわを何本か飾る。皿の手前右側にびわのマルムラードを小さく盛ってアイスの滑り止めにする。

3

皿のあいたところにびわのロティを2個盛り、滑り止めの上にクネル型にとったびわの葉茶のアイスクリームをのせる。バランスをみて粉糖をふる。

梅のダックワーズとグラニテ

Dacquoise à l'*Ume* et son granité

日本では梅の季節になるとエキスを出して梅シロップや梅酒にしたり、
塩漬けにして梅干しに加工することが多いが、
もっと梅を「フルーツ」として使いたいと思案。
まず完熟梅を水煮にし、そこからの展開を考えた。
梅は酸味が強いので、しっかりと甘味を効かせることがポイントだ。

使用する和素材について

梅

Ume
Abricot japonais

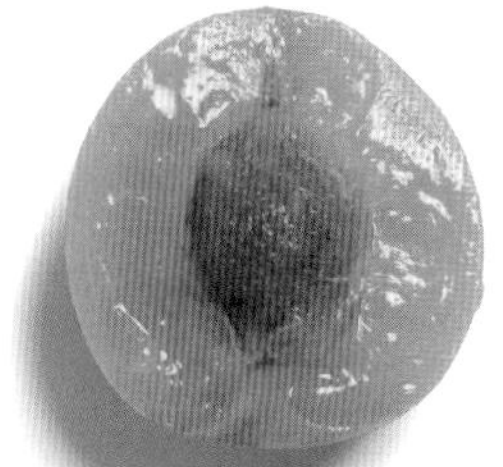

完熟梅

青梅が黄色く熟したもので、青梅よりも出回り時季は遅い。実がやわらかくフルーティで香りが良いため、実そのものを使ったデザートに適している。

青梅

実が締まって硬いため、梅シロップや梅酒など、実に含まれているエキスを抽出して使う場合が多い。使った実はジャムやピューレなどに加工できる。

DATA

分類	バラ科サクラ属
主な産地	和歌山県、群馬県
旬	5〜6月
選び方	ふっくらとして色づきが良く、皮に張りがあって表面に傷や斑点がないもの。梅の香りが強いもの
保存方法	入手したらすぐに加工すること。日にちをおくと追熟が進んで傷み、また冷蔵保存しても茶色く変色してしまう

◉ デザートに使う時のポイント

金物の道具は避ける

梅は酸がとても強く、アルミや鉄などの金物の調理道具は腐食させてしまうので避ける(ステンレスは短時間のみ使える)。おすすめはガラス製や陶器製、ホーロー製、フッ素樹脂加工したもの。

必ず火を通す

梅の実は生では食べられないので、必ず火を通して使う。ベースとして水煮〈右記参照〉にしておくと、さまざまなパーツにアレンジしやすい。

甘みを効かせる

梅は酸味が強いので、酸味が勝りすぎないよう、しっかりと甘みを効かせてバランスをとる。

デザートに展開しやすい

◉「完熟梅の水煮」の作り方

材料 作りやすい分量

完熟梅 500g

作り方

1

完熟梅はなり口を竹串で除く。

1

2

鍋やボウル(梅に使ってよい素材のもの・左記参照)にかぶるくらいの水とともに入れ、1時間ほど浸けてアクを抜く。

2

3

水気をきって鍋に入れ、再びたっぷりの水を入れて火にかける。沸騰直前(90℃)の火加減にして、なるべく触らないようにして、実がやわらかくなるまで静かに煮る。

3

4

皮がはじける前にザルに上げ、そのまま冷ます。

4

下準備

完熟梅500gで水煮を作っておく〈P222参照〉
Ume mûr cuit

composant 1

梅のダックワーズ
Dacquoise à l'*Ume*

1. 梅のマルムラード
Marmelade d'*Ume*

材料 作りやすい分量

完熟梅の水煮〈P222参照〉……正味200g
グラニュー糖……80g
はちみつ……20g
ペクチンNH……2g

作り方

1
完熟梅の水煮は種を除き、好みで皮も除き、計量する。

2
鍋（梅に使ってもよい素材のもの・P222参照）に、**1**、グラニュー糖の半量、はちみつを入れて火にかけ、混ぜながら沸騰させる。

3
残りのグラニュー糖はペクチンと混ぜ合わせ、**2**に加える。ツヤが出るまで混ぜながら弱火で煮る。そのまま冷ます。

2. 梅のバタークリーム
Crème au beurre à l'*Ume*

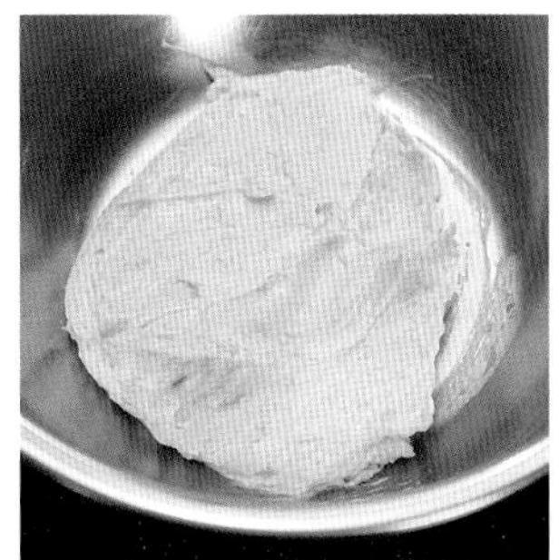

材料 16人分

バター……135g
全卵……45g
水……30g
グラニュー糖……90g
梅のマルムラード〈左記参照〉……80g前後

作り方

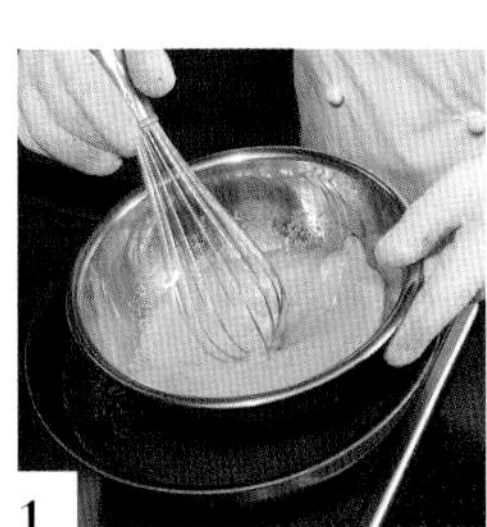

1
バターは常温に戻す。ボウルに全卵と水を入れて泡立て器で混ぜ、グラニュー糖を加える。湯せんにかけ、混ぜながら75℃まで温める。

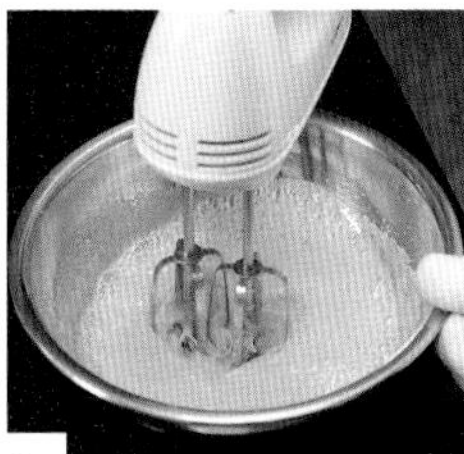

2
湯せんから外し、ハンドミキサーにかけながら30℃ほどまで冷ます。

3

バターを少しずつ加え、そのつどハンドミキサーで混ぜる。これでバタークリームの完成。

4

梅のマルムラードを加え、泡立て器で混ぜる。梅のマルムラードはあまり分量が多すぎると、バタークリームと分離してしまうので注意する。

3. アーモンド・ダックワーズ生地
Pâte à dacquoise aux amandes

材料 16〜18枚（8〜9人分）

A
- アーモンドパウダー ……100g
- 粉糖 ……100g
- 薄力粉 ……50g

卵白 ……115g
グラニュー糖 ……40g
粉糖 ……適量

作り方

1 **A**は合わせてふるっておく。

2 ボウルに卵白を入れて軽くハンドミキサーにかける。グラニュー糖を加え、角がピンと立つ固いメレンゲを作る。

3 **2**に**1**を2〜3回に分けて加え、ゴムべらでなるべく泡をつぶさないように、手早く混ぜ合わせる。

4 天板にベーキングシートを敷き、ダックワーズ用のシャブロン（すり込み型）を置く。絞り袋で**3**をやや多めに絞り入れ、カードで生地をすり切って平らにする。

5 シャブロンを小刻みに揺らしながら外し、上から粉糖をふる。

6 175℃に予熱したオーブンで15分ほど焼く。網の上に取り出し、冷ます。

4. 仕上げ
Finition

作り方

1

10mmの丸口金をつけた絞り袋に、梅のバタークリームを入れる。半量のアーモンド・ダックワーズ生地に、ふちから5mmほど内側にバタークリームを平らに絞る。残りのダックワーズを上にのせてはさみ、冷蔵庫で1時間冷やす。

composant 2

梅のシロップ煮
Ume au sirop

材料 15人分

A
- 水 ……150g
- グラニュー糖 ……150g

完熟梅の水煮〈P222参照〉……15個

作り方

1

鍋(梅に使ってもよい素材のもの・P222参照）に**A**を入れ、火にかけて混ぜながら溶かし、シロップを作る。

2

1の火を止め、90℃まで下がったら、水気を拭いた完熟梅の水煮を入れる。

3

オーブンペーパーで落しぶたをして弱火にかけ、90℃をキープしながら2〜3分煮る。火を止めてそのまま一晩おく。

4

梅を取り出し、シロップを弱火にかけて90℃まで加熱する（甘めに仕上げたければこの時グラニュー糖を150g加える)。梅を戻し入れ、3の工程を再度行う。

composant 3

梅のグラニテ

Granité à l'*Ume*

材料 6人分

板ゼラチン ?g

水 150g

梅のシロップ煮〈P224参照〉でできた梅シロップ 150g

作り方

1 板ゼラチンは氷水でもどす。

2 鍋に水を入れて40〜50℃に温め、火を止める。水気を絞ったゼラチンを入れ、よく混ぜて溶かす。耐冷容器に移して梅シロップを加え、冷凍庫に入れる。

3 固まりかけたらフォークでかき混ぜて再び冷凍庫に入れる。この作業を数回繰り返し、みぞれ状に仕上げる。

〚 組み立て・盛り付け 〛

材料 仕上げ用

粉糖 ......適量

1

梅のシロップ煮1個を半割りにして種を除き、6等分のくし形切りにする。小さなガラスの器に入れる。

2

ダックワーズは半分に切り、上から軽く粉糖をふる。盛り付け用の皿の右側に配置する。1のグラスに梅のグラニテを入れ、小さくカットした梅のシロップ煮を飾り、同じ皿に置く。

すもものソテー、オレンジのクリーム

Sumomo sauté, crème légère à l'orange

すももは皮にある酸味こそが魅力。
オーブンで皮ごと水分を飛ばし、味を凝縮させたすももを、
香ばしい蕎麦がきでサンド。上にすもものソテーをのせた。
ミルキーなオレンジのクリームは、一緒に食べると
すももの酸味を程よく和らげ、リッチな味わいにしてくれる。

すもも

Sumomo
Prune japonaise

すもも

適度に甘い果肉に対し、皮の部分に酸味があるのが特徴。国内で一番生産量が多いのは、写真の「大石早生(わせ)」。熟していないものは、新聞紙などに包んで常温に置けば追熟できる。

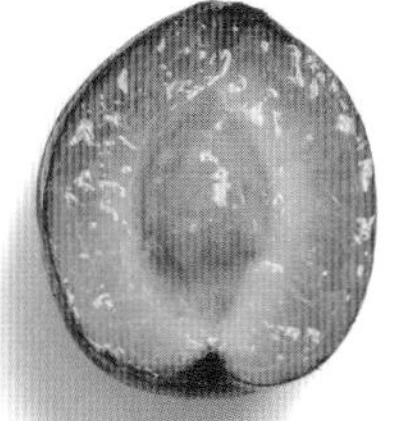

DATA

分類	バラ科サクラ属
主な産地	山梨県、長野県、和歌山県
旬	6月中旬～8月
選び方	鮮やかな色で、縦に入っている切れ込みに対して左右対称、ずっしりとした重みを感じるもの。ブルーム(表面の白い粉のように見えるもの)がついているものが新鮮
保存方法	新聞紙などで包んでから保存袋に入れ、冷蔵保存

◉ デザートに使う時のポイント

皮の近くの「酸味」を生かす

すももは皮の近くに酸味があり、それが味の大きな特徴になっているため、皮つきのまま使うのがおすすめ。酸味が強いので、クリームなどのミルキーなものを合わせると全体のバランスがとれる。

凝固剤が固まりにくい

すももは酸味が強いので、凝固剤を加えても固まりにくくなることがあるので注意する。

変色するのが早い

すももは酸化が早いので、切り口がすぐ茶色くなる。軽く焼いただけでも茶色くなってしまうので、必要に応じてアスコルビン酸を加えて酸化を抑える。

◉ 使用例

ローストやソテー、マルムラードのほか、ピューレにして漉せばソースやスープにも。いろいろなものに加工できる。

すもものロースト

すもものソテー

composant 1

すもものロースト

Sumomo au four

材料　12人分

すもも（完熟）……12個（小さめの場合は18個）

カソナード* ……適量

* カソナードの分量は、すもものの完熟具合と甘味を考慮して加減する

作り方

1 すももは洗い、皮ごと半割りにして種を除き、8等分のくし形に切る。ベーキングシートを敷いた天板に並べ、カソナードを全体にふる。

2 170℃に予熱したオーブンで15〜20分焼く。途中、すもものふちが焦げてきたら温度を下げ、焦げ付かないようにする。

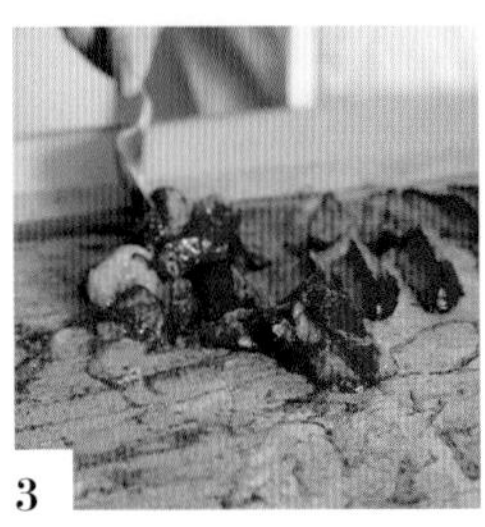

3 すももから出てきた水分が乾いてなくなったら焼き上がり。くっつかないうちにすぐにスプーンでこそげ取り（焦げた部分は除く）、バットなどに入れておく。

composant 2

蕎麦がき

Bouillie de sarrasin

材料　12人分

蕎麦の実（ローストしたもの*）……50g

牛乳 ……180g

カソナード ……20g

仕上げ用

すもものロースト〈左記参照〉……全量

バター ……適量

* 150℃のオーブンで10分を目安に焼いたもの。軽く色づけばOK

作り方

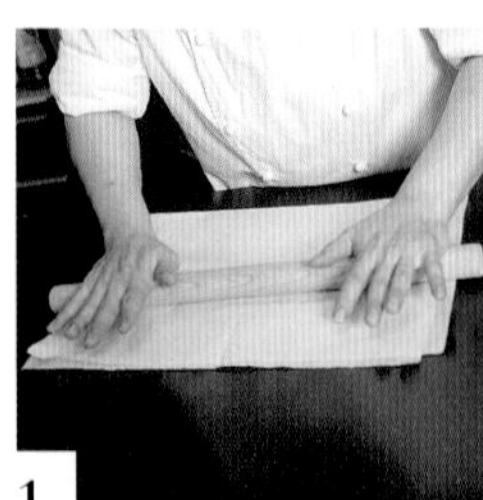

1 蕎麦の実は、ロールペーパーなどではさみ、麺棒を転がして粗く砕く。

2 鍋に牛乳、カソナード、**1**を入れ、ゴムべらで混ぜながら煮る。水分がなくなり、もっちりしてきたら火から下ろす。

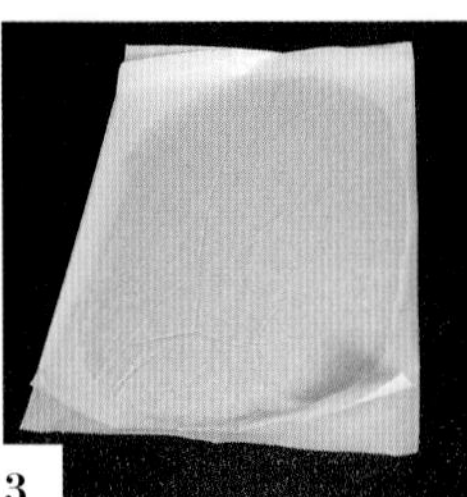

3 大きくカットしたロールペーパーで**2**をはさみ、麺棒で5mmほどの厚さに伸ばす。そのまま二つ折りにし、冷蔵庫で30分ほど冷やし固める。

4

3を広げ、半面にすもものローストをパレットナイフなどで塗り、残った半面を折り畳んでサンドする。3×10cmの長方形に切り分ける。

5

盛り付けの直前に、バターを熱したフライパンで両面に焦げ目をつける。

composant 3

すもものソテー

Sumomo sauté

材料 2人分

すもも 3個

グラニュー糖 20g

バター 6g

ブランデー 3g

作り方

1

すももは洗い、皮ごと半割りにして種を除き、8等分のくし形に切る。

2

フライパンにグラニュー糖を敷いて中火で熱し、薄めのキャラメルを作る。バターと1を入れて全体に絡め、ブランデーを入れてフランベする。

composant 4

オレンジのクレーム・レジェール

Crème légère à l'orange

材料 10人分

A | 生クリーム（乳脂肪分35%）......120g
 | サワークリーム 100g

クレーム・パティシエール〈P230参照〉......100g

オレンジのマルムラード〈P107参照〉......60g

作り方

1 ボウルにAを合わせて九分立てにし、クレーム・パティシエールを加えて混ぜる。

2 オレンジのマルムラードを加えて混ぜ合わせる。

クレーム・パティシエール

Crème pâtissière

材料 作りやすい分量

牛乳 ……125g

A
- 卵黄 ……32g
- グラニュー糖 ……23g
- 薄力粉 ……6g
- コーンスターチ ……6g

板ゼラチン ……0.5g

バター ……10g

作り方

1 板ゼラチンは氷水でもどしておく。鍋に牛乳を入れ、沸騰直前まで温める。

2 ボウルに A を入れて混ぜ、1 の牛乳を加えて混ぜる。漉しながら鍋に戻し、中火にかけ、ゴムべらで混ぜながらツヤが出るまで炊く。

3 水気を絞ったゼラチン、バターを加えてよく混ぜる。底を氷水に当てて冷やす。

〚 組み立て・盛り付け 〛

材料 仕上げ用

オレンジの表皮のすりおろし ……適量

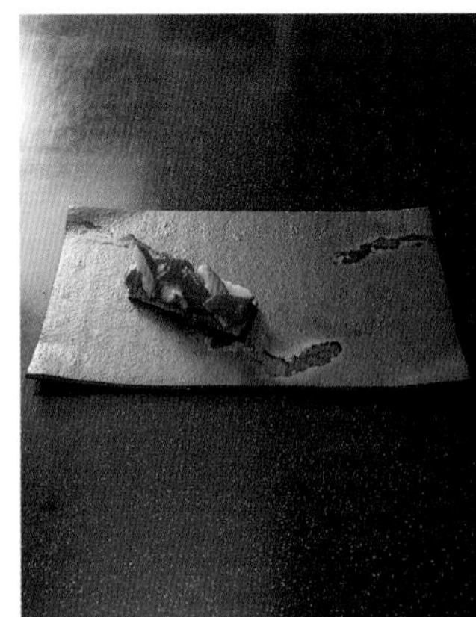

1

盛り付け用の皿の左側に蕎麦がきを置き、その上にすもものソテーを見栄え良く並べる。

2

皿の右側に、クネル型にとったオレンジのクレーム・レジエールを置く。全体に軽くオレンジの表皮のすりおろしをふる。

柿のクラフティとソルベ・ナポリテーヌ

Clafoutis au *Kaki*, sorbet napolitain

こいひめ柿という甘い柿のおいしさを伝えたくて
シンプルなクラフティに。柿のマルムラードは
軽い酸味が心地よいフロマージュブランのソルベと
合わせ、冷×温のコンビにした。
余った柿のマルムラードはブルーチーズと合わせたり、
鴨肉のポワレのソースなど、料理にも活用できる。

使用する和素材について

柿

Kaki
Plaquemine du Japon

DATA

分類	カキノキ科カキ属
主な産地	和歌山県、奈良県、福岡県など日本各地
旬	10月〜11月
選び方	へたの色が濃く、実とぴったりくっついているもの。ずっしりとした重みのあるもの
保存方法	ヘタを下向きにして保存すると甘みが全体に行き渡る

こいひめ柿

甘柿の中でも注目の品種。栽培が難しく希少だが、糖度が高く味が濃い。

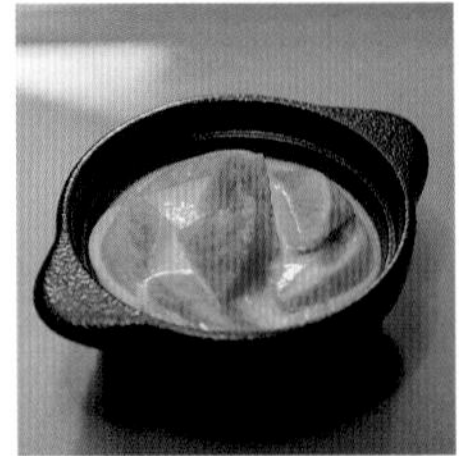

柿のクラフティ

柿のマルムラード

柿

柿は大きく甘柿と渋柿の2種類に分かれる。品種は多く、次郎柿や富有柿は甘柿の代表品種。渋柿は、生食向けには渋抜きしてから出荷される。

◉使用例

クラフティやマルムラードなど。柿は味が繊細なのであまり加工せず、柿そのものの味を生かした使い方が良い。

保存は逆さまに

柿はヘタを下にして置いておくと、甘みが全体に行き渡る。長持ちさせたい場合は、湿らせたティッシュをヘタに当て、逆さまにして冷蔵保存。

◉ デザートに使う時のポイント

スパイスやハーブと好相性

柿はビネガーなど酸味のあるものが合う。また、実山椒や黒こしょう、シナモン、レモングラス、マジョラムなどのスパイスやハーブも相性が良い。

凝固剤を使う時は注意

柿に含まれる酵素（こうそ）によって、わらび粉などの凝固剤が固まりにくくなることがある。その場合は、柿に一度しっかり火を通してから凝固剤を加える。

柿のかたさを選ぶ

柿は熟すほどに実がやわらかくなるので、作るものによって柿のかたさを選ぶ。マルムラードなど柿を煮崩すものには硬いものよりやわらかい柿が向く。

あんぽ柿

渋柿を硫黄で燻蒸させたもの。半生タイプで、ジューシーなのが特徴。ドライフルーツと同様の使い方ができる。

composant 1

柿のクラフティ
Clafoutis au *Kaki*

材料 直径8cmのココット20個分

アパレイユ

- 全卵 150g
- 卵黄 15g
- カソナード 60g
- 薄力粉 25g
- バニラビーンズの種 1/2本分
- サワークリーム 100g
- 生クリーム 300g

仕上げ用

- 柿（こいひめ柿／硬めのもの*）......1人分につき約1/2個
- アーモンドパウダー ......適量

* こいひめ柿以外の柿を使う場合は、熟したものを使う

作り方

1

ボウルにアパレイユの材料を上から順に加え、そのつど泡立て器で混ぜ合わせる。漉し、ラップをかけて冷蔵庫で1時間ほど休ませる。

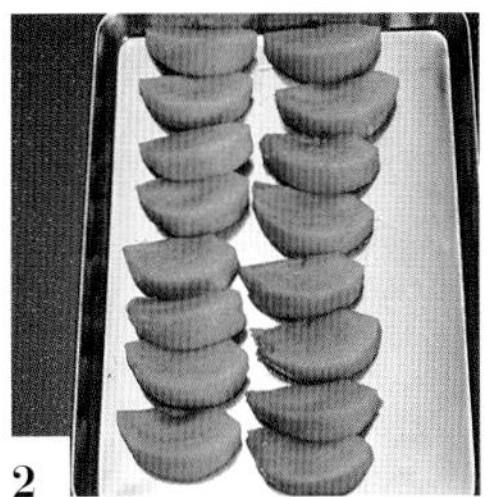
2

柿はへたをくり抜き、皮をむいて16等分のくし形に切り、種があれば除く。

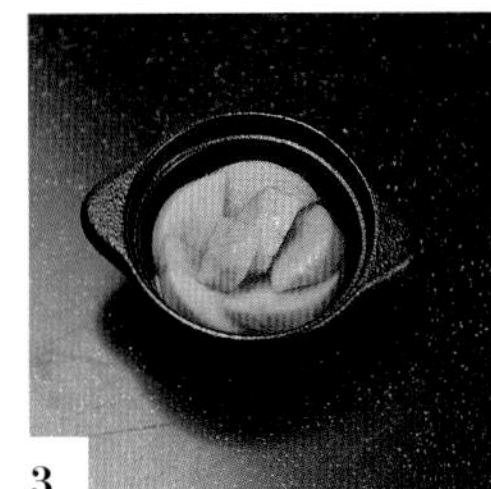
3

ココットの底にアーモンドパウダーを約5gずつ敷き、くし形に切った柿を放射線状に並べ、真ん中に半分に切った柿を2切れほど入れる。

4

アパレイユをかき混ぜてから、3に30gずつ流し入れる。天板にのせ、170°Cに予熱したオーブンで12分ほど焼く。

composant 2

柿とフロマージュブランのソルベ・ナポリテーヌ
Sorbet napolitain au *Kaki* / fromage blanc

材料 6〜8人分

フロマージュブランのソルベ

- A
  - 水 140g
  - 水あめ 24g
  - グラニュー糖 40g
- フロマージュブラン 100g
- 生クリーム（乳脂肪分35%）......45g
- レモン汁 15g
- はちみつ 12g

柿のマルムラード〈P234参照〉......適量

作り方

1 フロマージュブランのソルベを作る。鍋に **A** を沸騰させてシロップを作り、冷やす。

2 **1** とその他の材料を合わせ、アイスクリームマシンにかける。

3 出来上がったソルベと、柿のマルムラードを3〜4回ずつ交互に重ね、層を作る。冷凍庫で保存する。

柿のマルムラード
Marmelade de *Kaki*

材料 作りやすい分量

柿(熟したもの) 正味350g

レモン汁 16g

粗挽き黒こしょう 0.5g

A | グラニュー糖 30g
　 | ペクチン 4g

作り方

1 柿はへたと皮、あれば種を除き、ざく切りにする。鍋に入れ、レモン汁、黒こしょうを加えて火にかけ、時々混ぜながら好みの水分量になるまで煮詰める。

2 混ぜ合わせた **A** を加え、とろみがつくまで煮る*。ボウルに移し、底を氷水に当てて混ぜながら冷やす。

* 冷えた状態でのかたさをみたい場合は、氷水の上にトレーを置き、その上にマルムラードを少量たらして急冷する。

[組み立て・盛り付け]

材料 仕上げ用

柿 ......適量

カソナード ......適量

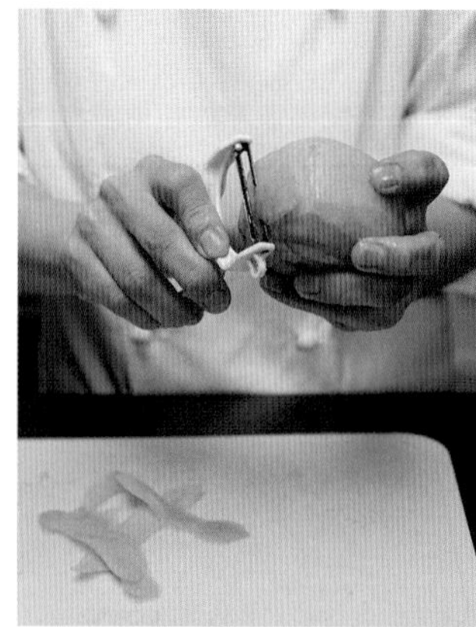

1
柿はへたを除いて皮をむき、ピーラーで実を数枚ずつリボン状にむく。残りの柿は、ソルベの滑り止め用に5mm角に切り、盛り付け用の皿の右下に盛る。

2
柿のクラフティが焼けたら、表面にカソナードをふってバーナーで軽く焦げ目をつける。上にリボン状の柿を飾り、皿の左上に置く。

3
柿とフロマージュブランのソルベ・ナポリテーヌをクネル型にとり、滑り止め用の柿の上にのせる。

index

パーツ種類別索引

本書に紹介したデザートのパーツを
種類別にまとめた。
自由に組み合わせて、
新しいデザートを構成してみても。

和菓子のアレンジ

あんこ、煮豆

だんご、餅、葛きり

淡雪かん、真薯

生地

クランブル、サブレ、シガレット、ゴーフレット、シュクレ生地

フィユタージュ、ジェノワーズ、パンケーキ、サクリスタン

くだもの・薬味のアレンジ

ソテー

コンフィ、ポシェ

コンポート、シロップ煮

チャツネ

キャラメリゼ(くだもの)

ロースト、ロティなど

クラフティ

マリネ

ジュース、水煮

ブラマンジェ、プリン、クリームなど

ブラマンジェ、パンナコッタ、ムース

プリン、クレームブリュレ

クリーム

サバイヨン、エミュリュション

ソース、ペースト、プラリネなど

ソース

ペースト、ピューレ

プラリネ

ジュレ、コンフィチュール、マルムラードなど

ジュレ

コンフィチュール

マルムラード

田中 真理
Mari TANAKA

1974年、静岡県掛川市生まれ。高校卒業後、渡仏。製菓学校とパリの名パティスリー4店でフランス菓子の基礎を学ぶ。帰国後、数店を経てパティシエとして腕を磨き、再び渡仏。「コロバ」を経て「グループ・アラン・デュカス」に入社。一ツ星レストラン「59ポワンキャレ」でレストランデザートの魅力に目覚め、ブーランジェリー「be」を経て同グループの最高峰である三ツ星レストラン「アラン・デュカス・オ・プラザアテネ」へ。厳しい現場でパティシエとしてさらなる研鑽を積む。2006年フランスで開催された「第32回フランスデザート選手権」プロフェッショナル部門で優勝し、帰国。青山「ブノワ」を経て同グループを退社。2008年デザート・プランナーとして独立し、レストランへのレシピ提供や技術向上、製菓学校での講師を行うなど、幅広いフィールドで活躍する。著書に『デザートの発想と組み立て』、『フルーツ・デザートの発想と組み立て』(ともに誠文堂新光社)がある。

編集・執筆　早田昌美
撮影　曳野若菜
(P40枝豆、P79ひねしょうが、P84花わさび、P140道明寺桜餅、P151わらび〈植物〉、P156葛〈植物〉、P164茶畑、P201青柚子は除く)
デザイン・装丁　小川直樹
フランス語校正　酒巻洋子

器協力　ミヤザキ食器株式会社
www.mtsco.co.jp
協力　一般社団法人日本発酵文化協会
www.hakkou.or.jp

参考文献、参考ホームページ

「からだにおいしいフルーツの便利帳」高橋書店
「乾物と保存食材事典」誠文堂新光社
「山菜・野草の食いしん坊図鑑」農山漁村文化協会
「素材よろこぶ調味料の便利帳」高橋書店
「地域食材大百科 第3巻 果実・木の実・ハーブ」農文協
「果物ナビ」www.kudamononavi.com
「野菜ナビ」www.yasainavi.com

菊(きく)、枝豆(えだまめ)、しょうゆ、ほうじ茶(ちゃ)…和(わ)の食材(しょくざい)の可能性(かのうせい)を広(ひろ)げる
和素材(わそざい)デザートの発想(はっそう)と組(く)み立(た)て

2020年5月23日　発　行　　NDC596
2023年4月3日　第3刷

著　者　田中真理
発行者　小川雄一
発行所　株式会社 誠文堂新光社
〒113-0033 東京都文京区本郷3-3-11
03-5800-5780
https://www.seibundo-shinkosha.net/
印刷・製本　図書印刷 株式会社

ISBN978-4-416-52009-3